日本はなぜ米軍をもてなすのか

渡辺豪

旬報社

日本はなぜ米軍をもてなすのか　目次

本文の肩書きはいずれも当時。また、本文は一部敬略を略した。

写真提供　朝日新聞社、共同通信社、沖縄県嘉手納町、米海兵隊

はじめに

沖縄からは日本の本質が見える——。今年（二〇一五年）三月末まで『沖縄タイムス』に一七年間在籍していた私が、沖縄にいたとき、ずっと感じていたことです。

この本質とは何か。日本が戦争に負けた国であるという事実です。沖縄では敗戦と占領の残滓が日常にあふれ、日本がアメリカに従属している現実と否応なしに向き合わされます。

東京にいると、沖縄は本気で独立するのか、と興味本位でたずねる人もいます。その都度、それを問うのであれば、「日本は本当に独立しているのか」をしっかり考えてもらいたい、という思いにかられます。

おこがましく聞こえてしまうかもしれませんが、日本本土に住む人たちが、今の日本という国のしくみそのものを、もっとよく知る必要があるように思います。

国の根幹のしくみを定めているのは憲法ではないか、と思われるでしょう。しかし、安全保障関連法案の議論を見ていると、何かおかしいと感じられた人は多いと思います。国会に招致された憲法学者が三人そろって違憲だと訴えているのに、政府はそれを認めようとしません。憲法はいかようにも都合のいいように解釈してよいのだと、政府自らが認めてしまったようなものです。

政権中枢の人たちが忠誠を誓っているのは憲法ではなく、それよりも大切な「何か」があるようです。

それは「アメリカ政府の意向」ではないでしょうか。

げんに安倍晋三首相は、二〇一五年四月末のアメリカ議会での演説で「戦後初めての大改革です。この夏までに成就させます」と述べ、国会提案の前に安保法案の成立を約束していましたね。安倍首相は国民の理解が進んでいないことを認めつつ、法案の衆議院可決を選択しました。国内の民意よりも、「対米公約」を優先したことにほかなりません。日本の首相がアメリカ議会で「公約」するというのはそもそもおかしな話ですが、こんな言葉も日本社会で当然のように受け流されているのが現実です。

安倍首相に限ったことではありません。

二〇一一年五月に告発サイト「ウィキリークス」が暴露した普天間問題をめぐる政治家や官僚の発言の中で、とくに奇異に映ったのが高見沢将林という防衛官僚の振る舞いです。カート・キャンベル米国務次官補と長島昭久防衛政務官らの会談の場に同席していた高見沢防衛政策局長は、長島政務官が席を立ったタイミングで、「アメリカ側は再編計画の見直し（＝普天間飛行場の移設先見直し）に柔軟性を見せるべきではない」とアドバイスしていたのです。当時、鳩山由紀夫首相が普天間移設先の見直しを防衛省に指示していた時期です。沖縄だけでなく、全国世論もこれを支持していました。

高見沢氏の行為は、当時の内閣も民意も裏切るものでした。

にもかかわらず、高見沢氏は二〇一三年七月、官邸に常駐する事務次官級の官房副長官補に就任しました。安倍政権で集団的自衛権の行使容認を議論する首相の私的諮問機関「安全保障の法的基盤の再構築に関する懇談会」（安保法制懇）の事務局も担当。一四年九月の自民党部会では、「地球の裏側」で集団的自衛権を行使する可能性に言及し、物議を醸しました。

高見沢氏が政権中枢で安全保障政策を担う事実は、これまでの報道で公にされてきた彼の裏舞台での言動について、政府中枢ではうやむやにするどころか、むしろ「功労」と受け止めている節すらうかがえます。

もう一つ、私が「雪のワシントン事件」とよんでいるニュースがあります。鳩山首相が普天間飛行場の沖縄県外への移設を掲げていた二〇〇九年一二月、大雪でワシントンのアメリカ政府機関が臨時閉鎖されている中、藤崎一郎駐米大使がヒラリー・クリントン国務長官から突然、「よび出し」を受け、辺野古移設の早期履行を求められた、という報道です。「異例のよび出し」という見出しで日本の各メディアは大きく報じました。私が疑問に感じたのは、「突然」あるいは「異例」のよび出しというイレギュラーな事態にもかかわらず、日本のテレビ各社がカメラをずらりと並べて待ち受け、藤崎大使が建物に入る場面を見事に捉えていたことです。面談を終えた藤崎大使は屋外に出てくるや、「立ち位置」も決めてコメントに応じていました。「報道してもらいたい」と考えた外務省が、「よび出し」を受けた、と報道各社に事前に「リーク」しなければ、こんな「出来過ぎ」の報道はあり得ないだろう、と思いました。

しかも翌日(二〇〇九年一二月二二日)、クローリー国務次官補が定例会見で「日本大使がキャンベル次官補に会うために立ち寄り、クリントン長官のところにも立ち寄ったのだと思う」とクリントン長官が藤崎大使をよび出したというのは事実に反する、と否定しました。しかし、これを伝えたのは私の知る限り、現地通信員の原稿を掲載した沖縄の地元紙だけでした。

この件については、『沖縄タイムス』(二〇一五年七月四日付)に米国特約記者の平安名純代氏が、「実際には会談は事前に調整されていたことが分かった」とあらためて報じています。クリントン氏が在任中の公務に個人用メールアドレスを使用していたため、その内容を公開することになり、思わぬ「証拠」が得られたわけです。そのメールによると、国務省職員が「カート・キャンベル(国務次官補)が明日の藤崎日本大使との会談であなたに少し会えるかどうか聞いている。カートが会議をし、ほんの二、三分の間、彼(藤崎氏)を連れてくる。あなたの考えを聞かせてください」とクリントン氏の意向を問い、これに対してクリントン氏は「ＯＫ」と返信していました。

一方、政府はこの件について野党議員からの質問主意書を受け、二〇一五年七月一七日付であくまで「(藤崎氏は)クリントン氏に招請され会談を行った」との答弁書を閣議で了承しています。今さら引っ込みがつかなくなったのでしょう。

事実をどう判断するかは読者のみなさんに委ねますが、藤崎大使が当時、クリントン氏やキャンベル氏の前で何を語ったのか興味深いところです。

アメリカの手のひらで踊っているような政権中枢の官僚や政治家の行状について、私はこう考えるようになりました。

彼らの行動規範は、アメリカの意向を忖度して自発的に隷従する、という信仰にも似た強固な意識や価値概念に支えられているのではないか。あるいは彼らには、アメリカの威光を背景に、既得権益保持や権力強化を図ろうとする意図も働いているのではないか。

これはエリート・マスコミを含む、日本という国家の中枢に携わる人びとに共通する基本的な世渡り戦術なのだと思います。彼らにとってはおそらく常識なので、「戦術」とも言えないのかもしれません。

沖縄で起きている基地問題にせよ、安保関連法案にせよ、どうやら安全保障政策という国の根幹部分で、ゆがみが顕著に表れています。日本の安全保障政策のかなめはアメリカとの関係です。やはり、ここに核心部分が潜んでいるようです。

米軍普天間飛行場（沖縄県宜野湾市）の同県名護市辺野古への「移設」をめぐる問題が、たびたびニュースで取り上げられています。

市街地の中心にあり、「世界一危険」とされる普天間飛行場は、一九九六年に日米両政府が五〜七年以内の返還で合意しました。しかし、県内移設の条件がネックとなり、二〇年が経過しようとする今も返還は実現していません。

日本政府は、普天間代替施設として名護市辺野古に新たな基地を造る理由について、抑止力のためだとか、普天間飛行場の返還のためだといった理屈を並べています。辺野古移

住宅地に囲まれた米軍普天間飛行場（沖縄県宜野湾市）

設が実現しなければ普天間が固定化する、といった脅しまで繰り出すようになりました。

しかしなぜ、日本の抑止力のためにアメリカの海兵隊が沖縄に駐留し続けなければならないのか。沖縄以外ではだめなのか。普天間飛行場を「危険」と認識し、早期返還が必要だと本気で考えているのであれば、なぜいまだに辺野古移設を「唯一の選択肢」と固執し、他の選択肢を検討しようとしないのか。こうした本質的な問いについて、政府は合理性のある回答を提示できていません。

沖縄の民意は選挙を通じて、辺野古への新基地建設に反対を示してきました。沖縄県の翁長雄志知事と名護市の稲嶺進市長はともに建設中止を求めていますが、それでも工事は進められています。

普天間問題はそもそも沖縄県民の負担軽減の要求に応えるのが目的だったのが、いつの間にか日米合意の履行が優先されています。目的と手段が逆転してしまい、政府によって「普天間返還」問題が、「辺野古移設」問題にすり替えられた感があります。

なぜこんなことになるのでしょう。

辺野古の新基地建設を進めているのは沖縄防衛局という、旧防衛施設庁の沖縄の出先機関です。防衛施設庁は、同庁技術審議官ら三人が東京地検特捜部に競売入札妨害容疑で逮捕された事件が引き金となり、二〇〇七年に解体され、今は防衛省の地方協力局などの部署に業務が引き継がれています。相次ぐ不祥事で政府官庁として「落ちこぼれ」の烙印を押され、「解体」という憂き目にあってもなお、その任務は国の権力中枢に吸収されるかたちで温存され、システマチックに機能しているのが実態です。

本書は、これまであまりスポットの当たる機会のなかった防衛施設庁という政府機関の役割を検証し、日本という国の本質に迫りたいと考えています。

そもそも在日米軍と住民の間に立つ防衛施設庁という組織自体、どんな役割を担ってきたのか。判然としないことだらけ、なのではないでしょうか。

私もかつてはそうでした。沖縄で長年、新聞記者として仕事をする中で、防衛施設庁を身近な政府機関として意識するようになったのです。

全国紙には自衛隊や防衛省担当の記者はいますが、在日米軍専門の担当記者はほとんどいません。たいていは地方紙も含め、それぞれの基地のある地域（支局）

の記者がフォローしているようです。一方、沖縄の新聞社(『沖縄タイムス』と『琉球新報』)には米軍基地を専門に扱う担当記者がいて、沖縄防衛局(旧那覇防衛施設局)は欠くことのできない取材窓口の一つです。

私も二〇〇四年から〇八年までの間、『沖縄タイムス』の基地担当の記者をしていました。当時、沖縄防衛局の前身の那覇防衛施設局を、「那覇防《なはぼう》」と略してよんでいました。頻繁に話題に上るので略称が定着していたのです。

私のようなマスコミ関係者だけでなく、米軍基地が集中する沖縄県の住民にとって、沖縄防衛局は最もなじみの深い政府機関だといってよいと思います。米軍基地内で工事などを請け負う業者や基地内に土地をもつ軍用地主の人たちにとって、対応窓口となる防衛局は頼りになる機関です。

米軍基地から派生する事件事故やトラブルが起きると、市町村長や議員、市民グループなどは必ず沖縄防衛局に苦情の申し入れをおこないます。その都度、上京して本省の防衛省や外務省に申し入れをしていたら、予算も人員もパンクしてしまうほど沖縄では米軍に関するトラブルが頻発するのです。たとえば、二〇一四年度に市町村関係者や市民グループらがおこなった沖縄防衛局への申し入れ件数は一三〇件に上っています。

沖縄県の知事や基地所在市町村の首長や議員たちが、「基地行政に忙殺される」と嘆くのをよく耳にします。地域振興や教育、福祉など取り組むべき行政課題は幾多あるのに、米軍基地を抱えると、その対応に労力の大半を割かざるを得なくなるのです。沖縄の地元紙もそうです。ネット右翼や政府官僚、自民党政治家からは沖縄の地元紙は沖縄の世論を反基地に誘導する「元凶」のように捉えられていますが、好きこのんで基地問題に紙面を割くのではありません。基地から派生する問題はあまりにも頻繁かつ多岐にわたって起こり、それが住民生活に深くかかわるため軽視するわけにはいかないのです。基地問題のニュースが重なると、「きょうも紙面はキチキチだ」と見出し担当の整理部記者の愚痴混じりの親父ギャグも飛び出すほどです。

裏を返せば、それだけ沖縄防衛局の仕事が後を絶たない、ということです。

自治体の首長や議員、市民団体メンバーらが沖縄防衛局に申し入れる際、たいていは事前に記者クラブに「取材依頼」の連絡が入ります。このため、記者も立ち会う「オープン」のかたちで取材します。申し入れの場では、地元側が厳しい口調で抗議するのに対して、防衛局側は米軍に代わってひたすら平身低頭、詫び続けます。具体的な質問を受けると、防衛局側は「米軍の運用の詳細に関しては把握しておりません」としか回答できず、さらに突き上げをくらう、といった場面にたびたび遭遇しました。私たち地元記者はそうしたやりとりを詳しく報じます。

しかし何も変わらない、という構図が繰り返されてきました。

地元の自治体関係者や議会関係者は、沖縄の米軍基地やアメリカ総領事館にも同時に申し入れをおこなうことが多いのですが、アメリカの軍や政府機関は出入りのチェックが厳しく、記者は立ち会う

辺野古の埋め立てを申請した沖縄防衛局の玄関前で抗議の声を上げる市民（2013年3月25日、沖縄県嘉手納町）［朝日］

ことができません。取材の比重はおのずと防衛局に偏りがちになります。

防衛局という苦情対応窓口が身近な場所（二〇〇八年には那覇市から、沖縄本島北中部に集中する基地所在市町村にとってより便利な嘉手納町へ移転しました）にあり、職員が腰を低くして殊勝な態度で応じることで、またそのやりとりを逐一われわれ記者が報じることで、世論のガス抜きの役割を果たしてきたのではないか。われわれ地元マスコミも、緩衝剤として米軍と住民の間に立つ防衛局が構築したシステムに組み込まれていたのではないか。沖縄を離れた後、私はそんな疑念も抱くようになりました。

今でこそ辺野古の新基地建設にともなう警備は、海上が海上保安庁、陸上のキャンプ・シュワブゲート前は民間警備員や県警が担当していますが、米軍再編協議で現行案に修正変更される前の、辺野古沖合案で事業が進められていた二〇〇五年以前は、那覇防衛施設局（現沖縄防衛局）の職員が海上でも陸上でも、反対する市民と、工事に向けた調査に当たる業者との間に立ち、まさに最前線に身体を投げ出して対応に当たっていました。

米軍の安定運用を維持するために粉骨砕身する、この人たちは一体だれのために働いているのか。米軍基地による住民生活への影響が深刻な影を落とす沖縄で、私は防衛局の職務に対して複雑な感慨を抱くことも少なくありませんでした。

そもそもなぜこうした組織が日本に設立されたのか。この疑問を氷解させてくれたのが、一九五六年刊行の『占領軍調達史――占領軍調達の基調』という本でした。みなさんは「調達庁」という国の機関をご存じですか。私は知りませんでした。『占領軍調達史』は、旧防衛施設庁の前身の調達庁内に設置された「編さん委員会」がまとめた政府刊行物です。

この本を読んで、やはりそうだったのかと感じ入りました。防衛施設庁の源流は米軍による占領期にさかのぼり、組織そのものが占領の名残だということが見えてきたからです。調達庁の前身の「特別調達庁」という組織は文字通り、占領軍ご用達の「調達機関」として誕生しました。

もう一つ実感したのは、日本はいまだに占領期の状態から実質的に抜け出せていない、という現実です。旧防衛施設庁が現在の防衛省でおこなっている業務、たとえば沖縄防衛局の仕事の内容を見ていれば、それが米軍をもてなすための差配であることは一目瞭然です。結局、「日本はアメリカに占領統治されたままなんだなあ」という感慨をあらためて深くしました。

源流が占領期にさかのぼる政府組織はほかにもあります。たとえば、東京地検特捜部の前身の「隠匿退蔵物資事件捜査部」は一九四七年、ＧＨＱの管理下に置くことを目的に設置された組織であることを、元外務官僚の孫崎享氏が著書『戦後史の正体』（創元社）で指摘しています。孫崎氏は同書で「東京地検特捜部は、日本の正当な自主路線の指導者を意図的に排斥する役割を果たしてきたのではないか」という問題提起をしています。

特捜部が強権を発動する疑獄事件の立件に踏み出せば、政財界を揺るがし、メディアや世論の脚光を浴びますが、防衛施設庁の仕事はそれとは対照的です。在日米軍基地を抱える地方の現場で住民の不満や反発を和らげるため、縁の下で日米安保を支えてきた日陰の存在です。強権《ムチ》も用いますが、金銭的補償などのアメを巧みに駆使するのが特徴です。

ＮＰＯ法人「ピースデポ」を設立した梅林宏道氏は著書『在日米軍』（岩波書店）で、「日本政府は、在日米軍を優遇し、米軍と日本社会との軋轢を少なくし、米軍にとって日本が居心地よい場所になるための政策を、懸命にとってきた。その政策の本質的な狙いは、平和憲法と向かい合うことを避けることにあった」と喝破しています。

そうした政府の尖兵が旧防衛施設庁であり、現在、防衛省地方協力局の下に各地に置かれている防衛局だと言えます。それは、他国の軍隊である米軍が日本に駐留し続けられるよう最大限の「おもてなし」をする、国際的にも類例のない政府機関と言い表すことも可能です。

日本ではいつの間にか、「日米安保」を違和感なく「日米同盟」と言い換えるようになり、沖縄など一部の基地所在地域を除くと、在日米軍の有り様に無関心な人が多くを占めるようになりました。

梅林氏は同書で「無関心の拡がりは、日本の政治に理念や理想が失われ、市民が根源的なものを問うエネルギーを失っていく過程と重なって進行してきたのではないだろうか。その間に、日本という国の土台の一部となるほどに、在日米軍の役割は大きくなり、ますます重要なものになっていった」とも指摘しています。

同書は二〇〇二年に発刊されていますが、一〇年以上が経過した今、アメリカとの軍事的なかかわりは、国内で在日米軍をもてなす時代から、自衛隊が世界規模で米軍を支える方向へシフトしつつあるようにも映ります。安倍政権の集団的自衛権の行使容認によって、日本の安全保障政策は大きな岐路に立たされています。

全国多数の人にはほとんど馴染みのない防衛施設庁と、その前身の調達庁や特別調達庁が果たしてきた役割は、安全保障政策という行政分野の枠を超え、戦後日本の根幹をかたちづくる上で欠かせないほど大きかった、と私は認識しています。

とはいえ本書は、防衛施設庁の足跡をたどる形式をとっていますが、それが「伝えたいこと」の本旨ではありません。

在日米軍の駐留は、日本国憲法の最大の特色である「平和主義」と密接に絡んでいます。戦争放棄や軍備撤廃をうたう憲法九条がなければ、日本が七〇年以上にわたって「戦争をしない国」ではいられなかったのと同時に、在日米軍の駐留がこれほど長期にわたって続くということもなかったと言えると思います。平和憲法は世界の恒久平和という理想を体現し、日本の「平和」の維持装置としてもプラスに機能してきた半面、沖縄をはじめとする特定地域に外国軍隊の駐留という「犠牲」を強いる負の側面を併せ持つ現実を直視する必要があります。

そのうえで、平和憲法の意義をあらためて問い直したい、というのが本書の主題です。

政府や一部マスコミは「安全保障環境は厳しさを増している」と繰り返し唱え、「防衛強化」政策の推進を図る論拠にしています。しかし、「脅威」の正体や「抑止力」の効果は判然としません。一方で、少子高齢化にともなう福祉や経済・財政政策の停滞、原発再稼働のリスク、大規模災害への備えといった足もとの現実課題への政府対応は十分とは言えません。こうした「平和の土台」ともいえる内政課題に向かう世論の視線を、意図的に「外部の敵」にそらす政策がとられていることに、私は大きな違和と危うさを感じています。

民意を無視された沖縄の不満が沸点に達し、憲法九条をなし崩し的に形骸化する安全保障政策の改変が加速化する今だからこそ、いかにして平和憲法を守り抜くのか、という覚悟と戦略が問われているように思います。そのためには、無自覚のままアメリカに隷従していく関係の是正と、国際社会の中での日本のアイデンティティーとは何か、を見据える作業が不可欠です。

これまで沖縄の基地問題にあまり関心のなかった方や、これから有権者になろうとしている若い世代の人たちにも、過去から現在や将来を見据え、本当にこのままでいいのか、と立ち止まって考える機会の一助として本書を活用していただければ本望です。

第1章 「従属」の源流

1945年9月2日、東京湾に停泊する米戦艦ミズーリ艦上で、連合国に対する降伏文書調印式が行われた。日本側の全権委員は重光葵外相（署名中）と梅津美治郎参謀総長。連合国側はマッカーサー最高司令官と各国代表が署名し、太平洋戦争終結が確認された［共同］

「もてなし機関」の前史

まずは防衛施設庁の源流をたどってみます。本書のタイトルでもある、占領軍＝米軍をおもてなしする機関として進化してきた歴史的経緯を浮かび上がらせたいと思います。

『占領軍調達史――占領軍調達の基調』の第一章は「前史」として、フィリピンにいたGHQのマッカーサー最高司令官を日本に受け入れる準備段階から書き起こしています。戦後日本は占領軍の受け入れから始まったのです。

敗戦直後、日本政府中枢で占領軍の受け入れの実務を担った一人が外務省の岡崎勝男です。敗戦前後の一九四五年八月、彼は広報部長と調査局長を兼任していました。ポツダム宣言を受諾し、敗戦国となった日本は、フィリピンのマニラにいたマッカーサーから代表団の派遣を要請されます。このとき岡崎は副団長として、日本軍幹部とともに代表団の一員に加わりました。

代表団は八月一九日、羽田から木更津に向かい、そこで用意していた一式陸上攻撃機二機に分乗して出発しました。当時は特攻隊員らが降伏使節を撃ち落とそうとして各地で待ちかまえているとの情報も入り、すべて極秘裏に進められたようです。パイロットの命令書も封をしたままで、飛行機が離陸してから開封を許されて初めて行き先を知る、といった具合でした。

沖縄県の伊江島で米軍機に乗り換え、マニラ入りした一行は、米軍将校から降伏文書を受け取るとともに、日本軍の武装解除や米軍人の宿舎の確保など、占領軍の日本進駐がスムーズに進むよう細かな打ち合わせをしました。

帰路はハプニングの連続に見舞われます。伊江島で米軍機から日本軍機に乗り換える際、一機は車輪の故障で離陸できず、代表団の半数だけで伊江島を出発します。岡崎らが乗ったその機体も、木更津沖とみられる海域でガソリンタンクに穴が開き、パイロットから「海に落ちれば、これは爆撃機で何分も浮いていないから、一番上に機関銃を据えた台座の跡から一人ずつ外に出てもらうより仕方がない」と告げられます。

このときの状況について岡崎は、「代表団の出発要求が八月十六日で、実際に出かけたのは十九日、その三日間の遅延でさえ、先方は時をかせいで何か策略をしているのではないかと疑ったくらいだから、今度飛行機事故で降伏文書その他の重要文書が失われてまたマニラへ取りに行くなどということになったら、いかなる疑惑を起こさせるかもしれず、大へんなことになる心配もあった」（岡崎著『戦後二十年の遍歴』私家版、後に中央公論新社）とのちに振り返っています。

結局、飛行機は進路を変更して海上を滑走しながら、駿河湾の砂浜に不時着します。トラックを徴用して浜松飛行場に向かい、そこにたまたま保管されていた一機の故障機を徹夜で修理して、翌朝早く浜松を出て調布の飛行場に到着したというのです。

スリリングというより、何とも危なっかしい、日本の敗戦直後の現実が伝わります。日本は敗戦でどん底の状態にあったのです。この徹底的な「負けぶり」を日本人は忘れてはならないと思います。

連合軍の先遣部隊としてマッカーサーらが日本に上陸するに当たって、岡崎ら日本指導部の最大の課題は、特攻隊員らの気を鎮めることだったようです。実際、マッカーサーが降り立つ厚木飛行場付近の山林には、数日前まで特攻隊の猛者連中が機関銃などを配備して立てこもっていたのです。陸海空の高級将校が説得を

厚木飛行場で、日本占領の第一歩を踏み出すマッカーサー連合国軍最高司令官（1945年8月30日、米陸軍通信隊撮影）［共同］

試みましたが、皆追い返されてしまいます。

頭を抱えていたところ、台風接近でマッカーサーの到着が二日間遅れ、八月三〇日になります。そうした間に特攻隊員らを率いる大佐は、熱病にかかって動けなくなるといった状態の中でようやく考えを改め、先遣部隊の到着直前に解散を決意します。この台風を、岡崎らは「神風」とよんで喝采しました。

占領軍とは、正確にはアメリカ、イギリス、中国、ソ連の戦勝四ヵ国からなる連合国軍を指します。しかし、日本が連合国の共同管理の下に置かれたというのは建前にすぎません。連合国軍最高司令官にアメリカ太平洋軍司令官のマッカーサー元帥が任命された時点で、実質的に米軍の占領下に置かれたのです。

当時の日本の指導者たちは、米軍に精いっぱい親和的な態度を示すことで、GHQに強権的な占領体制を思いとどまらせ、ひいては占領体制の早期終結を促したい、と考えていました。

岡崎はその後、吉田茂内閣で外務大臣や官房長官を務め、日米地位協定の前身となる行政協定の対米交渉に当たることになります。

当時の岡崎たち政府中枢のメンタリティーをうかがう上で、興味深い本人の回想があります。

「われわれは、いかにして連合国の信用を獲得して、早期講和の実現に近づくかということにあらゆる努力を傾けたわけである。ちょうどそれは明治のころ、不平等条約撤廃を目指して日本の文明開化を諸外国に認識させるため、鹿鳴館のダンスなどをやった気持ちと似通っているように思う。すなわち、今度は、文明開化のかわりに日本に民主主義を確立し、これを連合国に認識させて早期講和に持っていこうというのである」（同前書）

このときの「不平等条約」に相当するのは、ポツダム宣言に基づく占領体制ということになります。

戦後の日本と国際社会の関係は、ポツダム宣言に由来しているとも言えます。国会でポツダム宣言を「つまびらかに読んでいない」とあたふたと答弁していた安倍首相にもよく認識してもらいたいものです。

ポツダム宣言は、敵対行動の全面禁止という降伏を受諾させるのにとどまらず、占領体制の基本原則についても同時に提示しているのが特徴です。

本書では、七の「連合国による占領」と、十二の「占領軍の撤退」に留意していただきます。

七 「このような新秩序が建設され、かつ日本国の戦争遂行能力が破砕されたことの確証があるまで、連合国が指定する日本国内の諸地点は、われわれがここに示す基本的目的の達成を確保するため占領せられるであろう」

十二 「以上の諸目的が達成され、かつ日本国民の自由な意思表明に従って平和的な傾向をもつ責任ある政府が樹立されたときは、連合国の占領軍はただちに日本国より撤収されるであろう」

つまり日本の戦争遂行能力が完全に失われたという確信が得られるまで、連合国軍＝米軍による日本全土を対象とする占領体制は続けることになる。さらに、日本から軍国主義が一掃され、民主主義にのっとって平和的傾向をもつ責任能力のある政府が樹立された暁には、占領軍は撤退させましょう、というのです。

このため岡崎たちは、日本が立派な民主主義国家である、ということを必死になって占領軍＝アメリカに示そうとしたのです。

日米開戦時の外務省アメリカ局長（のちに外務事務次官）を務めた寺崎太郎は私家版『寺崎太郎外交自伝』で、「軍事占領下における日本の中央・地方政府、国会・地方議会は、軍閥独裁政治から真の民主政治へと生長（原文ママ）・脱皮することを目標とし、連合国最高司令官の指導の下に民主政治のお稽古をしていたのである」とつづっています。

しかし結果的には、一九五二年四月の講和条約発効とともに本来撤退するはずの占領軍は「駐留軍」と名を変え、日本の「独立」後も居座ることになります。講和条約と同時にアメリカと結んだ安保条約と、その細則を定めた日米行政協定は「不平等」そのものでした。

行政協定で与えられた在日米軍基地と米軍人関係者の特権は、日米地位協定に引き継がれ、とくに米軍基地が集中する沖縄県でさまざまな軋轢を生んでいます。沖縄をはじめとする全国の基地所在地域は地位協定の抜本的改正を求めていますが、政府は及び腰のままです。

「不平等」を是正する気概は日本人から失われてしまったのでしょうか。戦争に負けたことも、戦後ずっとアメリカに従属してきたことも、日本人の意識からは消えつつあるようです。なぜそうなったのでしょうか。時間の経過だけが要因でしょうか。

間接占領に順応

一九四五年九月二日。東京湾に浮かんだ米戦艦ミズーリ号で、連合国九ヵ国の代表と日本政府の代表が降伏文書に署名しました。

多くの日本人が敗北感をかみしめたであろう瞬間を、アメリカの歴史学者ジョン・ダワーは著書『敗北を抱きしめて』（翻訳は岩波書店より刊行）で鮮やかに切り取っています。

「調印式の間のある瞬間、耳をつんざく爆音とともに、海軍戦闘機一五〇〇機に護衛され、キラキラ輝きながら低空飛行するB29爆撃機約四〇〇機が空をおおった。まさにこのころ、体格のよい、最高の装備をもった、これ以上ない自信にあふれた米兵たちが、うちつづく波のように上陸し、神聖なる天皇の国が侵されようとしていた。占領軍の米兵はまもなく五〇万人を超えた。一九四〇年、神話にもとづいて『皇紀二千六百年』を祝い、一度も侵略されたことがないことを誇ったこの国は、いまや『白人』たちによって占拠されようとしていた」

全国各地に進駐した米軍の各部隊は、すぐに宿舎や施設の確保に着手しました。このとき米軍は、必要な建築物や物品あるいは労力の提供を現地の自治体や警察、ときには会社、工場、個人などに直接要求していました。

しかも一定の基準がないまま、ほとんどが口頭による命令ないしはメモ程度の文書の提示によっておこなわれていました。日本人に求める労務は、兵舎、工場、飛行場などの清掃、さらには道路整備や橋梁の修理、軍事物資の運搬など多岐にわたります。米軍はこうした労働の対価を現金ではなく、チョコレートなどの物品を賃金代わりに支給したり、労働者の逃亡を懸念して労働者の身体に「マーク」を付したりしました。

トラブルが相次ぐ事態を見かね、GHQは一九四五年九月一五日付で内部指令「日本人財産の徴発に関する作戦指令」を発したのを皮切りに、調達権限や手続きの中央一元化を図ります。四五年九月の段階では「調達」（Procurement）という字句は使われず、強制的に取り立てるニュアンスの強い「徴発」（Requisition）という字句が使用されていました。

一九四五年一〇月中旬以降になって、正式に調達要求書という文書を発行して、必要な物品や労力を入手するシステムを整えていきます。

この「調達」という制度の合理化が図られる過程で、「特別調達庁」が誕生しました。

大ざっぱに言えば、占領期に米軍をもてなしてきた主な機関が「特別調達庁」であり、その任務が「調達庁」、「防衛施設庁」へと引き継がれてきたのです。

そもそも、連合国の日本占領は「間接統治」が原則でした。

『占領軍調達史――占領軍調達の基調』は、「日本占領の特殊性を占領管理の方式の面からみると、まず、占領軍が直接に占領行政を行う直接管理方式をとらず、連合国軍最高司令官が日本政府に対し所要の指令を発し、日本政府がこれに基づいて統治を行う間接管理方式がとられたことである」と指摘しています。

この「間接占領」という日本統治方式が、特別調達庁という機関の誕生には不可欠だったのです。

「日本は占領軍の管理下におかれたとはいえ、ドイツの場合と異なり（ドイツの場合はその最高権力は米英ソ仏の四大国によって掌握され、中央政府および元首の存在が認められなかった）、天皇および日本政府が認められ、いわゆる間接的占領行政が行われたのであって、調達部面（原文ママ）についても日本政府に対して調達要求が発せられ日本政府を通じて調達が行われるいわゆるPD（調達要求書、Procurement Demandの略）による調達制度も、やはりこの間接管理方式に即応した制度であったということができる」（『占領軍調達史──占領軍調達の基調』）

GHQが採用した「間接占領」という統治方式は、よほど日本人の肌に合ったのでしょうか。日本はアメリカ側も驚くほどこのシステムに順応していきます。

大蔵官僚だった宮澤喜一が、著書『東京－ワシントンの密談』（実業之日本社）で当時の官僚の行動原理をこう捉えています。「当時、日本の官僚が最も頭を使ったのは、どうやって占領軍という絶対権力者を自己に都合のよい方に引っ張ってゆくかということであった。徹底的にオベッカを使って成功した例は沢山あり、徹底的に反抗して、あれは見所があると思われた例も、この方は沢山はないが、幾らかあった」

日々の実務に追われる官僚たちは、GHQという新たな支配者を都合よく利用しようと、いろいろ知恵を働かせたのです。とはいえ、日本が占領下に置かれていることを最もよく実感しているのも官僚たちでした。

日本統治に採用された間接占領（間接管理方式）は、独特ともいえる敗戦国の管理方式でした。なぜこうなったのでしょうか。

ポツダム宣言の受け入れに際して日本側が求めた唯一の条件は、「天皇の国法上の地位を変更しないこと」でした。

「天皇の国家統治の大権を変更するとの要求は包含していないという了解の下に受諾する」との日本側の申し入れに、連合国側は「降伏の時より天皇および日本政府の国家統治の権限は、降伏の条項実施のため、その必要と認める措置をとる連合国最高司令官の制限の下におかれる」と回答しました。

もちろん、連合国最高司令官の「制限」とは、実質的な「支配」を意味していました。それを象徴するのが、一九四五年九月二二日に公表された「降伏後における米国の初期の対日方針」に記された以下のくだりです。

「天皇および日本政府の権力は降伏条項を実施し、日本の占領および管理の施行のため樹立せられたる政策を実行するために必要な一切の権力を有する最高司令官に隷属するものとする。日本社会の性格ならびに最少の兵力および資材により目的を達成せんとする米国の希望にかんがみ、最高司令官は米国の目的達成を満足に促進する限りにおいては、天皇を含む日本政府機構および諸機関を通じてその権限を行使すべし」

「日本社会の性格」を勘案して、天皇や政府を介する統治の余地を残した、とも読みとることができます。

間接占領の実態について、寺崎太郎は『寺崎太郎外交自伝』で、「『日本政府』なるものがあったのは、『日本政府』を置いたほうが、連合国にとって、日本を占領・管理する上に便利である、都合がいい、と判断し、その存在を許したからに過ぎない。なにも、戦勝国が、日本人を高く評価して、特に日本には敗戦国ながら政府の存在が許されたわけではないのである。自惚れてはいけない。万事が、向こうさま本位なのである」とズバリ本質をついています。

GHQの間接占領によって温存されたのは天皇制とともに、官僚機構であることも忘れてはならないポイントでしょう。アメリカにとって日本の官僚機構はいまだに、ものわかりがよく、使い勝手のよい、「間接統治」の道具として機能しているのではないでしょうか。

敗戦国としての悲哀を端的に示すのが、占領軍向けの予算支出でした。この支出は占領開始時の国家予算の三分の一を占めました。国民の不満を少しでもかわす必要に配意したのか、これらの予算は「終戦処理費」や「その他の費用」といった実態を覆い隠す名目が、官僚によって編み出されました。これも、間接統治ならではの「成果」でしょうか。

ジョン・タワーは当時の日本人の負担を、こう浮かび上がらせています。

「一九四八年の時点で約三七〇万世帯が住宅のない状態であった一方で、日本政府は占領軍の住宅と施設に予算の相当部分をあてなければならなかった。しかも、それはアメリカの生活水準に合わせる必要があった。戦争未亡人が援助を求めてもほとんど聞き入れてもらえなかった一方で、たとえばアメリカ人の将校が、自分のために接収された民家を『最新式』にしてほしいと言えば、電気・水道の施設を取り替え、内部を塗装し、電話・ストーブ・トイレのような新しい設備を設置し、そのうえ庭の池をプールに改造する費用まで日本政府が支払うほかなかった。一九四五年一二月、母親に背負われた幼児が窒息死して、国鉄の耐えがたい混雑ぶりを象徴していたとき、日本政府は占領軍要員のために特別列車を出し、たいていゆったり座れる『占領軍専用列車』さえ無料で提供しなければならなかった」(『敗北を抱きしめて』)

占領軍の要求の中で特殊さが際立つのは、「役務」(サービス)の一種として提供された「芸能」が挙げられるでしょう。『占領軍調達史——部門編Ⅰ芸能・需品・管材編』は一遍を割いて、芸能分野に関する特別調達庁の関与を解説しています。

占領軍が要求した芸能の範囲は「われわれの常識よりはるかに広範囲にわたるものである」と指摘。具体的には、軽音楽、クラシックの洋楽、歌、踊り、奇術、曲芸、柔剣道、なぎなた、空手、ボクシング、レスリング、卓球、歌舞伎、オペラ、文楽、人形造り、木版、スケッチ、生け花、点茶、雅楽、十二単衣（古代衣装）のショー、模擬結婚式の実演、手相・人相・骨相などの占い師の派遣などを挙げています。

これらの経費も、日本政府が終戦処理費から支出しました。一九四七年の特別調達庁発足後、こうした「芸能調達」も同庁所管となり、本庁では事業部芸能課、地方局では局長官房調整課が担当しました。

間接統治の下、国民との間に立って占領軍の要求に応じるのが、当時の日本政府の役割でした。

『占領軍調達史――占領軍調達の基調』は「日本占領の場合は、無条件降伏後、戦勝国軍隊が平穏裡に、敵国領土に進駐し、そこに現存する政府と休戦協定を結んだ上、その政府を通じて国内の『非武装化』『民主主義化』等を実施管理しようとする目的をもち、この目的達成まではいつまでも占領しようというのであって、（中略）このような新しい政治的占領概念は全く前例のないものである。従って、このような占領下の調達行為の根拠についても、在来の戦時国際法規を基にただちに法的解釈を試みようとすることそれ自体に無理があると考えられる」と、自分たちの「調達業務」の異例さを強調しています。

着目すべきなのは、占領軍と日本政府の間では強制的な占領者意識むき出しの「徴発」の色彩の濃い要求も、日本政府が間に入って業者や市民に「発注」する段階では、契約に基づく商取引として成立していたことです。膨大かつ多岐にわたる占領軍の要求は、律儀な「役人」が介在しなければ秩序や合理性を確保することは困難だったように思います。

しかし、これがプラスの面ばかりに作用したとは言い切れません。

「アメリカ(GHQ)の仲介役」として官僚が果たした役割の基調は、日本が講和条約を締結して「独立」を果たした後も、官僚機構の中枢にDNAとして組み込まれ、アメリカの意向を忖度し、自発的に隷従していく官僚の行動原理に違和感なく結びついていったのではないでしょうか。「独立国としての体裁は保ちつつ、内実はアメリカに従属」するシステムは政府官僚組織の既得権益とも絡み、維持強化されているのが現代日本の実像のように思います。

寺崎太郎は自伝でこう述べています。

「もともと『敗戦』を『終戦』と言い、『占領軍』を『進駐軍』と称して、言葉の先で自分を欺瞞する日本人のことだ。『直接占領』で敗戦国たる事実をウンと見せつけられた方が薬になったかも知れない。

なまじ、『政府』があり、『国会』があり、『知事』があり、『地方議会』があったために、平和条約のできない先から、宛（ママ）かも既に『独立国』になったかのような錯覚をおこしていたのではないかしら……。だから、平和条約が効力を発しても、無自覚・無感動に、『占領時代』から『独立』（何という独立であろうか！）へ『すべり込んだ』のではあるまいか」

これは日本人にとって、過去のことと言い切れるでしょうか。

特別調達庁の発足

防衛施設庁の前身である調達庁には、さらに前身の特別調達庁という組織がありました。しかも発足当初は政府官庁としてではなく、「公法人」という前代未聞の位置づけがなされていました。

経緯を見ていきましょう。

占領軍の調達の仕方が、先に挙げた通り、地方でばらばらだったのを、中央で一元化して発注する統制機能が強化されるにつれ、日本側の対応も一元化して効率化を図るべきだとの機運が高まりました。占領軍内部には「ピッチャーが一人になったのだから、キャッチャーも一人でなければならない」という例えで表現する関係者もいたそうです。

米軍側は経費の節減、調達業務の迅速化、簡素化、能率化を図るのが目的でしたが、日本側も受注企業の契約や労働者の賃金をめぐるトラブルを回避するためにも、一元化は望むところでした。

具体的に「特別調達庁法」という法律が公布されたのは一九四七年四月のことです。日本側の一元的調達機関の設立構想は、日本に占領軍として駐留していた米軍第八軍の軍政部調達課長のフレゴシ中佐という中間管理職の軍人が生み出しました。このフレゴシ中佐という人物を中心に日本の関係法令や行政組織を検討し、特別調達庁法の原型となる基本要綱が練り上げられ、日本政府が法律案を作成する運びになりました。

この際、フレゴシ中佐は特別調達庁設置の基本的な狙いについて五点を挙げているのですが、ここでは一と三のみ付記しておきます。

一として、調達の監督を一層中央化して支出を節減すること。

三として、一層ビジネスライクに業務処理のできる組織を創設して、お役所主義（Red Tapism）とその結果たる事務渋滞を一掃すること。

この「ビジネスライク」というのがキーワードになっていきます。

フレゴシ中佐の意に沿うかたちで特別調達庁法の草案を作成した日本政府は、一九四七年三月二九日に国会に提案する二日前、中佐と最終調整に臨みました。この席で、フレゴシ中佐は「新設庁（特別調達庁）の存続期間は日本政府が延長を希望しない限り、おそらくは一年を出ぬであろう」と述べています。

これについて『占領軍調達史――占領軍調達の基調』は、「当時占領軍はその時から約一カ年間において日本本土における必要な施設の整備を完了しようという計画を有し、その達成のためには相当量の物資資材を敏速かつ確実に調達しなければならないが、従来の日本政府のいわゆるお役所主義の官庁事務処理では、所期の期限までに目的達成が困難なのでビジネスライクな民間商社等の経験者を吸収した調達実施の特殊機関を設け、そのすぐれた商品知識、購買技術、ビジネスライクな業務処理によって目的を達成しようと考えたもので、また所要の軍施設が完成した暁には、その後の施設の維持運営のための調達業務は、その規模や性質からみて、在来の関係官庁の処理能力で十分足りると思ったので、特に新設機関の存続期間を約一カ年間と発言したものと思われる」と解説しています。

日本側も、「ビジネスライク」という言葉を強く意識していたことがうかがえます。

公法人（Government Corporation）は、アメリカの公有会社（Federal Government Corporation）がモデルでした。アメリカの公有会社は、連邦政府が直接所有、管理する会社で、公有会社に対しては資本や借入金、債務保証、助成金などの形式によって、国庫から巨額の援助が与えられます。役員も政府から任命されます。一九〇〇年には公有会社と称する組織は存在しませんでしたが、一九三六年には通常の行政各省や独立の委員会と並んで第三の行政組織単位として理解されるまで成長していました。

敗戦後の日本にも導入され、各種公団の設立につながり、こうした公団の中の特殊な形態として公法人特別調達庁の設立に結びついたのです。

『防衛施設庁史』は、「特別調達庁の性格は現在の特定独立行政法人に近いと考えてよいと思われる」と解説しています。

特別調達庁の特徴は、①法人とする、②基本金または運営資金を保有せず、一切政府予算をもって支弁する、③役職員は政府職員とする――などが挙げられます。GHQの意向に基づくこの三点が国会論議の的になりました。

国会では、法人として設立される特別調達庁の要員を政府職員とすることの不可解さ、法人なのに運営資金がなく財政的基盤がないことへの懸念などが指摘されました。

「政府の代行機関としていろいろな特殊法人や公団はあるが、特別調達庁のような法人の役職員も法人自身が決めることができず、総理大臣が任命をする。あるいは上級機関の監督を受けなければならず、その経費は法人自身が予算決算をもっていない。そんな法人はあるのか」（当時の国会質疑）というわけです。

これに対する政府側の答弁内容を『占領軍調達史――占領軍調達の基調』は、あえて編者が傍点を付して記載しています。自分たちも決して好きこのんでこういう形態にしたのではない、ということを強調したかったのでしょう。

「ただいまのご質問はまことにごもっともな点であると思いますが、この特別調達庁の任務は、わが国の現在の情勢を背景にいたしまして、現在の情勢のもとに進駐軍の需要に必要な調達にあたるという機能を与えられておるのでありまして、かような前提のもとにこれを法人とした次第でございます」

「現在の情勢」が占領下という異常な状況にあることをくんでくれ、というわけです。

結局、法案は「特別調達庁が業者となす契約については、政府は厳重な監督を行うと共に、特に国費の濫費を抑制するため必要なる措置を強力に講ずること」という附帯決議とともに、その具体的措置をとるために原案の一部を修正の上、全会一致で可決しました。

フレゴシ中佐は法案成立後も、特別調達庁の業務開始まで軍の意向を伝えてきました。その中に、「横割システム（またはチェック・アンド・バランスシステムCheck and Balance System）方式」の採用の申し入れがありました。これも従来の日本の事業官庁では採用されなかったアメリカ方式の事務組織です。

一つの仕事の開始から完成までの作業工程において、必要な事務を組織内の上下関係で動かさずに、対等な権限をもつ部局間で水平に、横に流していくシステムです。その目的は主に、膨大な調達経費を扱う機関の内部組織が、権限の一本化によって透明性を失うリスクを排除することにありました。さらに、権限が特定の部署に過度に集中するのを防ぎ、部局間の相互チェック態勢を働かせることで、不正の介在する余地をなくす点にありました。

このシステムは、公法人特別調達庁が官庁権限を与えられ、官庁になった後も引き継がれ、日本の「独立」後は防衛庁調達実施本部などの大口購買政府機関の内部組織にも採用されました。

公法人特別調達庁は、本庁を東京都中央区日本橋に置き、一九四七年九月一日に業務を開始します。地方組織として札幌、仙台、横浜、名古屋、京都、大阪、呉、福岡の八ヵ所に特別調達庁支局が四七年一二月一日に設置されました。この配置は、第八軍軍政部調達課の調達区域事務所とほぼ一致してつくられ、一般官庁の地方組織とは異なるものでした。

その後、特別調達庁が広範囲の調達業務を処理していくにつれ、権限強化の必要性が唱えられるようになります。業務開始から三ヵ月後には早くも、調達業務に関しては官庁としての権限を有する、との閣議決定がおこなわれています。

公法人という特殊な位置づけだと、地方自治体などに対して直接監督する権限を有しないと解釈され、地方での委任業務を処理する上で支障が相次いだためです。ＧＨＱも理解を示し、「特別調達庁を日本政府の一部と解釈しなければならない」との覚書を一九四七年一一月二五日に日本政府に発出。これを受け同年一二月五日に、特別調達庁は政府の一部局と解釈する、と閣議決定しました。

特別調達庁は次第に官庁としての色彩を強めていき、一九四九年六月一日をもって公法人としての特別調達庁は消滅し、総理府の外局として約七〇〇〇人の職員を抱える官庁の座を正式に確保して再出発することになりました。

「新設庁（特別調達庁）の存続期間は日本政府が延長を希望しない限り、おそらくは一年を出ぬであろう」と発言していたフレゴシ中佐も一年後には、特別調達庁が恒久的な政府機関である、と強調するようになっていました。

一九四八年三月二九日の全国設営業務主務部長会の席上、「ＳＰＢ（公法人特別調達庁の正式の英訳Special Procuremeut Boardの略）は米第八軍に対する調達が目下重大なる任務になったのであるが、将来はさらに日本政府の必要とする種々の物質をも調達することになるのである。従ってＳＰＢは決して米第八軍の調達機関として存在するだけでなく日本政府の機関として永久に存在する機関なのであって、（中略）連合国軍が撤退すればすぐ解消するように考えることはもちろん間違いである」と平気で前言を翻す演説をぶっています。

このときフレゴシ中佐は、日本政府の必要な物品調達の一元的機関として「永久に存続する機関」になると予測していますが、まさか米軍が戦後七〇年を超えて日本に駐留を続け、その米軍の便宜を図る特別調達庁の業務を防衛施設庁、そして防衛省へと引き継がれるとは思いもよらなかったことでしょう。

当初は「一年限定」の臨時機関として発足した特別調達庁は、政府組織にがっちり組み込まれました。その後、講和条約発効時には、アメリカ側から「不要」との宣告を受けながらも、特別調達庁が築いたシステムやノウハウを、日本政府は手放せなくなります。時代に合わせて変容を遂げつつも「調達スキル」は継承され、戦後七〇年が経つ今も、在日米軍の要求に応じる「防衛局」が防衛省の地方機関として各地で、一層スキルを磨いて「おもてなし」を続けています。

ごまかしの再軍備

一九五二年二月二八日、日本の戦後体制を方向づける一大局面となる取り決めが日米間で結ばれました。行政協定の調印です。安保条約には大まかな指針や原則しか記されていません。実質的にはこの協定で、占領終結後も在日米軍が思う存分に基地の運用ができるよう細則を定めています。

元外務官僚の寺崎太郎は私家版『寺崎太郎外交自伝』で、「サンフランシスコ平和条約→安保条約→日米行政協定というコースは、戦勝国米国の予定コースである。『無条件降伏』のその瞬間から、日本は、このコースを受け入れなければならない敗戦国の立場にあった」と達観しています。一方で、「公正・妥当な方法による日米行政協定の改廃こそが望ましく、これがためには、日本人全体の覚醒と自覚とが必要」と唱えています。

行政協定は、一九六〇年の安保条約改定に伴って「日米地位協定」に名称変更されましたが、行政協定の原則がほぼ踏襲され、現在に至っています。

『占領軍調達史——占領軍調達の基調』も、行政協定の締結は「占領軍の発意によって調達要求の一元的実施機関として誕生した特別調達庁の任務を大きく転化させる決定的な契機となった」とその影響の大きさを率直につづっています。

どう変わったのでしょう。行政協定によって、米軍施設の建設工事や物品の納入などは米軍が直接、日本の業者に発注して賄う方式に切り替わりました。一方、米軍関連施設の用地確保といった主に不動産業務を日本政府が分担することになりました。

これにより、政府内で順調に存在感を示してきた特別調達庁の業務は旧安保条約締結前、存廃の危機に立たされます。『占領軍調達史——占領軍調達の基調』の「あとがき」には、特別調達庁は「独立後占領下におけるような在日外国軍隊の間接調達実施官庁として存続するかについて必ずしも確定的な見通しはな」かったことを打ち明けています。

このとき特別調達庁は「組織防衛」にはしります。

米軍が業者を自由に選択して契約する権利を認めたのは、行政協定第一二条一項です。ただ、その二項には「現地で供給される合衆国軍隊の維持のため必要な資材、需品、備品及び役務でその調達が日本国の経済に不利な影響をおよぼすおそれがあるものは日本国の権限のある当局との調整の下に、また望ましいときは日本国の権限のある当局を通じてまたはその援助を得て調達しなければならない」と規定されていました。

特別調達庁はこの二項に目をつけます。とはいえ、何を言っているのかよくわからないですね。要は、これまで通り日本政府を通じて間接的に調達する余地も残されている、と日本側（特別調達庁）は理解したかったわけです。それで、行政協定を調印して間もない三月七日の予備作業班財務分科会で、さっそくこの場合の具体的な調達方法についてアメリカ側に問いただしています。

アメリカ側の回答は二点でした。

一つは「日本は独立後、駐留軍維持のため防衛分担金を負担するのであるが、米国もこれを上回る金額を駐留費として負担しなければならない。米国は、協定第一二条一項によりすべて直接調達を行うのであり、従って講和条約発効後は、駐留軍の調達を斡旋するＳＰＡ（特別調達庁）のごとき機関を米側は必要としない。米国は、日本側の防衛負担金を受け入れて、日本銀行に特別勘定を設け、米国支

出官をして同資金による調達のための支払いに当たらしめる」（傍点は筆者）

特別調達庁はもう必要ない。カネだけ払ってくれればよい、というわけです。

「防衛分担金」は行政協定二五条第二項による、在日米軍の駐留経費のうち日本政府が年間一億五五〇〇万ドルを負担する規定を指します。これは、連合国の日本占領経費を日本政府が負担していたことの延長です。

二つ目は一二条二項について説明しています。

「米軍がたとえば大量に物資調達を行わんとし、それが日本国経済に不利な影響を及ぼすおそれがある場合には、発注品目、数量を日本政府に通知し、このため日米合同委員会に専門委員会を設け、日米の調整をおこないたい」

つまり、二項で挙げた「その調達が日本国の経済に不利な影響をおよぼすおそれがある」ケースには、日米合同委員会に専門委員会を設けて対応すればよいというものでした。

日本政府（特別調達庁）はこれを「協定第一二条二項による間接調達のケースを、事実上排除する意向が述べられた」（『占領軍調達史――占領軍調達の基調』）と受け止めました。が、引き下がる気にはならなかったようです。

「日本政府としては、駐留軍への施設区域の提供、労務の提供および解除物件の処理その他協定第一二条二項の間接調達方式が将来活用される可能性も考えられるので、独立後もＳＰＡ（特別調達庁）を総理府外局として存続させ、これを独立後の国民の法益と行政協定により定められた駐留軍使命達成のための諸要求との間にたって、両者の調和を計《ママ》るという特殊な行政分野を担当させる基本方針をとったのである」（『占領軍調達史――占領軍調達の基調』）

特別調達庁は日本「独立」に伴い、在日米軍が占領軍から駐留軍に変わる際、アメリカ側から「不要」とされたのですが、結局日本側の自発的意思により、「国民の法益と駐留軍使命達成のため」という名目で存続することになります。この過程で将来的に防衛庁の外局に移行する素地がつくられていきます。

特別調達庁は講和条約発効後、占領軍である米軍の大幅減員を見越していました。それが組織の業務に重大な影響を与えると考え、条約発効前の一九五一年の段階で「企画参与会議」を庁内に設置します。将来の特別調達庁の在り方について検討を重ね、同年一二月に「対日講話条約の効力発生以降、わが特別調達庁は我が国防衛機構に合体すべし」との結論を出し、翌五二年一月にはこれを庁議決定しました。

防衛庁が総理府の外局として発足するのは一九五四年七月のことです。当時の特別調達庁の幹部は、駐留米軍の減員と入れ替わるように自衛隊の創設、強化が図られると展望していました。組織存続のため時代の趨勢を注意深く見守り、当時まだ発足前だった防衛庁との「合体」を模索する方針を打ち出していたのです。

多くの職員を抱え、予算と権限をもつ官庁の自己保存の原理が働いたともいえるでしょう。しかし、それだけでは状況がよく見えません。「我が国防衛機構」が生まれる背景要因として、当時の国際情勢、そしてアメリカ政府の意向を探る必要があります。

一九四七年三月にアメリカ政府内で書き上げられた対日平和条約の当初の草稿には、日本本土だけでなく沖縄にも米軍基地の設置に関して記された条項は見当たりません。第二次世界大戦でともに敗れたドイツと同様に、アメリカ国務省は日本において短期の懲罰的な占領スタイルを想定していました。ところが、ソ連との関係が悪化していくにつれ、アメリカのアジア政策も「反共」にシフトしていきます。

それでも一九四八年ごろまでは、マッカーサーには日本に恒久的な米軍基地を配置する考えはありませんでした。しかし四九年一〇月、中国で国民党が中国共産党との戦いに敗れ、中華人民共和国が建国されると、時代を包む空気がにわかに変化していきます。同年一二月、アメリカのトルーマン大統領は、ソ連を関与させない対日講話条約の推進を決意します。これは長期にわたり日本に米軍基地を置く方針が固まったこととイコールでした。とどめを刺したのは、翌五〇年六月に北朝鮮軍が三八度線を越えて韓国を侵略したことでした。

朝鮮戦争の勃発です。これがアメリカの対日政策に決定的な影響を及ぼしました。七万五〇〇〇人規模の「警察予備隊」の創設を指示する一九五〇年七月八日のマッカーサー書簡を受け、吉田茂首相は同年八月一〇日に政令「警察予備隊令」を公布・施行します。これにより総理府に創設された警察予備隊は、五二年一〇月、保安隊に改組され、五四年七月の自衛隊発足につながります。

在日米軍事顧問団の初代幕僚長で、警察予備隊の創設を担当したフランク・コワルスキー大佐は、この政令を著書『日本再軍備——米軍事顧問団幕僚長の記録』(サイマル出版会)でこう指摘しています。

「この政令は言い抜けとごまかしの逸品ともいうべき文書であった。その第一条（目的）を読んで、これが日本再軍備の事始めだと気づいた人はいなかったであろう。第一条には『この政令は、わが国の平和と秩序を維持し公共の福祉を保障するのに必要な限度内で国家地方警察および自治体警察の警察力を補うため警察予備隊を設け、その組織等に関し規定することを目的とする』と書いてある。

一九五〇年夏のような条件下においては、マッカーサー司令官の指令にそむかないために、日本政府に残された道はこのような政令を公布する以外になかったとして許すことはできる。日本はなんといってもまだ占領下にあり、主権はマッカーサー最高司令官が握っていた。日本が講和条約をとりつけるまでは、占領国の機能が日本国憲法を超越したという理論もありえよう。しかしそれは詭弁である」

コワルスキー大佐は、警察予備隊の創設と憲法九条の矛盾を「詭弁」と切り捨てました。

しかし、日本に「戦争の放棄」や「戦力の不保持」を掲げる平和憲法を求めたのは、マッカーサー本人です。これはポツダム宣言で、「連合軍による占領」の目的と意図として記された日本の「戦争遂行能力の破砕」の履行にほかならなかったのです。

「彼（マッカーサー）はポツダムにおける国際協定に反し、極東委員会よりの訓令を冒し、日本国憲法にうたわせた崇高な精神をほごにし、本国政府よりほとんど助力を得ずして日本再軍備に踏み切ったのである」と大佐は指弾しています。

ここで大佐は今に連なる問題提起をしています。

「伝統的にいって、一国の憲法は神聖な文書である。時には不評な法律に固執しないことが、便宜上望ましいことがあるが、憲法には改正というプロセスがあって、是正されるようになっているのである。したがって憲法の改正を行わず、憲法を真っ向から侵して行われた日本の再軍備は、法について扱いにくい問題を残し、根本的な疑いを起こさせたようである」（同前書）

私は「はじめに」で安全保障関連法案をめぐる国会審議を取り上げ、「憲法はいかようにも都合のいいように解釈していいのだと、政府自らが認めてしまったようなものです。政権中枢の人たちが忠誠を誓うのは憲法ではなく、それよりも大切な『何か』があるようです」と書きましたが、憲法をいかようにも解釈する無茶は、今に始まったことではないようです。その根っこは占領期の末期に埋め込まれていました。「戦後」を通じて、ずるずると詭弁に詭弁を重ねて日本はここまで来た、という内実を認めざるを得ません。

ところでコワルスキー大佐は、日本が自衛隊を保持することと憲法の問題点について「第九条のほかに憲法にはいかなる再軍備計画にも重大な法的障害をもたらす条項が二つある」と指摘しています。安全保障関連法制にも関連すると思いますので挙げておきます。

以下の二条です。

第一八条　「何人も、いかなる奴隷的拘束も受けない。又、犯罪に因る処罰の場合を除いては、その意に反する苦役に服させられない」

第七六条　「すべて司法権は、最高裁判所および法律の定めるところにより設置する裁判所に属する。特別裁判所は、これを設置することができない。行政機関は、終審として裁判を行うことができない。すべて裁判官は、その良心に従い、独立してその職権を行い、この憲法および法律にのみ拘束される」

以下は大佐の解釈です。

「第十八条は憲法に反する苦役を禁じている。これは軍隊内でも強制役務がありえないものと解釈される。これでは召集も義務兵役もありえない。非常時あるいは戦争になっても兵員を召集することはできない。現在までのところ日本はその保有する小規模な兵力を募集するのにはたいした苦労はしなかったが、もし将来軍事的要求を充たすだけの応募者がなくなった場合にどうするかということは誰にも分からない。しかし、一億の人口を有する国家が戦時の兵員召集すら許さないような憲法のもとで、いつまでもやっていけるとは私には信じがたいことである。

第十八条よりももっと重要なのは第七十六条である。この条項は日本の軍隊は軍法会議の制度を持つことができないという意味に解釈される。(中略)しかし、日本の陸海空の自衛隊のみが、私の知っている範囲では、世界中で軍法会議の権限を持たぬ唯一の軍隊である。この状態が国家の存亡をかけるような事態に臨んでも許されるとは考えられない」(同前書)

安全保障関連法の成立によって自衛隊員が海外で武力行使し、殺し、殺される日が来たとき、政府はどう対応するつもりなのでしょうか。安倍首相からは、武器使用権限の拡大によって自衛隊員の「リスクは下がる」(二〇一五年七月八日、自民党のインターネット番組で発言）という驚くべき発言も飛び出しました。政府が都合の悪いことは詭弁で繕う態度に終始している限り、なし崩し的に憲法を毀損する愚は重ねられていくのだろうと思います。

米軍の軍事顧問として日本の再軍備を担ったコワルスキー大佐には、「アメリカの都合」で日本の憲法を毀損し、国民を翻弄したことへの贖罪意識もうかがえます。

「第九条はわれわれによる最初の編成、訓練を制約したし、第十八条と第七十六条は軍隊の発育をひねくれさせ半端にした。しかし自分たちの理想主義を踏みにじり、憲法を蹂躙することを余儀なくされた国民の心中の傷がどれだけ痛ましいものであったか、自分たちの陸海空軍になんとかして合憲性を与えねばならない判事たちが『正義』をどれくらいひどく曲げたかは、知る人ぞ知るのみである」（同前書）

一九六九年に日本で上梓された『日本再軍備』の末尾は、こう締めくくられています。

「日本の国益は、発展を続ける軍需産業や巨大な軍隊や、強力な米軍基地によって伸長されるのではなく、協力的安全保障の取決めを通じて、中国およびソ連から、永久に日本の領土保全を保障してもらうことによって図れるのである」

「独立」後も従属

講和条約締結前のアメリカ側の意向をもう少し丁寧に見ていきましょう。

朝鮮戦争勃発前、アメリカのトルーマン政権は共産圏の拡大を阻止するため「ソ連封じ込め」に躍起になっていました。一九四九年一〇月の中華人民共和国の成立によって中国に共産党政権が誕生すると、アメリカの反共産主義の動きは加速します。

アメリカの歴史学者マイケル・シャラーが、著書で当時の日米の事情を浮き彫りにしています。以下引用します。

「将来の協力を確実なものにするため、ケナンは日本を手元に引きとめておくよう勧告した。富裕な、だが従属的な同盟国は、アメリカの利益にもっともよく奉仕してくれるであろう。それには『日本が輸入する石油その他の物質に対して……絶対確実に、かつ巧妙に支配権を行使』できるようにすることが必要である。経済的支配はアメリカに『日本の行動に対する拒否権』を与えることになるだろう」（シャラー著『「日米関係」とは何だったのか――占領期から冷戦終結後まで』〈草思社〉）

ジョージ・ケナンはトルーマン政権の「ソ連封じ込め政策」を牽引した国務省の外交官です。「独立」後も日本に経済・軍事両面で従属を求める機運の中で、対日講話条約と日米の相互安全条約が練られたことがわかります。一九五〇年六月二五日の朝鮮戦争勃発は、アメリカ政府に日本の軍事的な重要性を再認識させるきっかけになりました。安保条約による在日米軍の無期限の駐留と、日本を再軍備させる方針が固まっていきます。

「ダレスは国防長官ルイス・ジョンソンに、アメリカは日本に『われわれが望むだけの軍隊を、望むだけの場所に望むだけの期間維持する権利』をもつべきである、と言明した。ジョンソンと統合参謀本部は、これは『一緒になって行動する』基礎を提供してくれた、と機嫌よく述べた。九月七日にアチソンとジョンソンは、『朝鮮半島の事態』が有利に解決すれば、国務省方式により日本との条約締結を行うことで意見が一致した。同時に締結される相互安全保障条約によってアメリカ軍に事実上無制限に日本に駐留する権利が与えられることになる」（同前書）

ジョン・フォスター・ダレスは当時、トルーマン政権の国務長官顧問です。アメリカ側の思惑通り、旧安保条約や行政協定には、日本のどこにでも米軍基地を展開できる「全土基地方式」や「基地の自由使用」が盛り込まれ、この原則は一九六〇年の安保改定を経て「事前の協議」などの必要が盛り込まれたものの、実質的に存続し、現在に至っています。

当時の日本政府の意向はどうだったのでしょう。講和条約発効後の米軍駐留は、じつは日本側が先に提案していました。

当時大蔵官僚で吉田内閣の池田勇人蔵相の秘書官だった宮澤喜一（のちに首相）は著書『東京―ワシントンの密談』（実業之日本社）で、一九五〇年四～五月に池田蔵相が訪米した際、「日本政府はできるだけ早い機会に講和条約を結ぶことを希望する。そしてこのような講和条約ができても、おそらくはそれ以後の日本及びアジア地域の安全を保障するために、アメリカの軍隊を日本に駐留させる必要があるであろうが、もしアメリカ側からそのような希望を申出で《ママ》にくいならば、日本政府としては、日本側からそれをオファするような持ち出し方を研究してもよろしい。この点について、いろいろの憲法学者の研究を参照しているけれども、アメリカ軍を駐留させるという条項がもし講和条約自身の中に設けられれば、憲法上はその方が問題が少ないであろうけれども、日本側から別の形で駐留の依頼を申出ることも、日本憲法に違反するものではない、というふうに憲法学者は申しておる」との吉田首相からのメッセージを、GHQ経済顧問のジョセフ・ドッジに伝えたことを明かしています。

「この五月三日の覚書は、日本が米国に対して講和後に米軍の駐留を認めることによって、講和条約の促進を図ろうとした最初の意思表示であった」(同前書)そうです。

講和条約発効後の日本の防衛について、宮澤は「現実には米国の保護を受けるとしても、独立した国家がいかなる説明と構成によって、他国の軍隊の駐留を認め得るかという点について、大多数の国民が納得する方式は容易に見出し得なかった」と述懐しています。この難題をクリアするのを容易にしたのが朝鮮戦争の勃発でした。

「それにしても朝鮮に戦争が起こらなかったならば、講和の締結は更に延びていたかも知れない。それは、占領者としての米軍が、条約後には駐留者としての米軍という資格で残るということは、観念上はそれで説明がついても、日本国民の気持から云えば何か占領の継続であるような割り切れないものを残したであろう。

そこをどう説明するかに私共が迷っていた時に、たまたま朝鮮に戦争が起り、そして世界の歴史の上ではじめて『国連軍』というものが現実に生れた。それによって、講和後の日本の安全を保障するのは米国という一つの国であるよりは、むしろ『国連軍』であるという考え方が国民の気持の上で実際上呑み込み易くなったことは事実であったと思う」（同前書）

朝鮮戦争は、「独立」後も米軍を日本に駐留させるに当たり、世論対策として渡りに船だった、というのです。米軍の駐留継続の理屈を、日本世論の理解を得るかたちでいかにして打ち出すかが、当時のアメリカ政府のみならず、日本政府中枢の課題だったのです。

宮澤は「この講和形式――当時吉田・ダレス方式とよばれた――そのものは間違っていなかったと私は今でも考えている」と、講和条約と日米安保条約の同時締結を肯定評価しています。しかし一方で、その宮澤でさえ、以下のように行政協定の内容を厳しく批判しています。

「今日の基地問題などもここから出たものであるけれども、（中略）この方式（吉田・ダレス方式）自身に間違いがあったのではなくて、その後の方式の運営の仕方に幾つかの誤りが重ねられたからではないかと私は思う」

「もっと端的に表現するならば、日米安全保障条約自身には誤りが無く、それを具体化する行政協定を作る段階で、最初予見しなかったことが幾つか起って来たように感じている」

「講和の発効を境にして、今迄の米軍は日本の主権者としていたものだが、その日からはこちらが主人で向こうはお客様、もっとはっきり云えば、その日からは米軍はこちらの意思に反して色々やってもらってはならない立場に変るのだ、という原則が行政協定を折衝した人々の間に、時として見失われたかに見える点である」（いずれも同前書）

宮澤が具体的な問題点として挙げるのは、「米国は駐留を希望する施設及び区域については、講和条約発効後、九十日以内に日本側と協議し、日本側の同意を得なければならない」という項目に、「九十日以内に協議が整わなければ、整うまで暫定的に駐留を認める」という趣旨のただし書きが付されたことでした。当初、行政協定の草案に書かれていたのをたまたま目にした宮澤が、これでは独立する意味がないのに等しい、と外務省に削除を要請したそうです。ところがその後、「この規定は行政協定そのものからは姿を消したが、『岡崎、ラスク交換公文』の中には、そのままこの規定が確認されていて、しかも私がそれを知った時は、既に行政協定は両国の間で調印を終わっていた」(同前書)というのです。

交換公文の当事者である岡崎勝男は当時、吉田内閣の外交問題担当国務大臣(事実上の外務大臣。講和条約締結までは外務大臣は置かなかった)の任にありました。著書『戦後二十年の遍歴』には、行政協定交渉のカウンターパートであるラスクを「非常な秀才」「大局からものを見て、問題の核心をつかみ、その解決方法を見出す……」などと持ち上げていますが、交渉の中身についてはほとんど触れていません。「行政協定の交渉の特徴としては、日米双方が外務はもちろん、法務、建設、地方、農林、大蔵省の代表者を集めて毎日会議を開いたが、その間にあって、ラスクさんと私だけの私的な会談をこれまた毎日行ない、むずかしい問題はこの私的会談のほうで解決したことであった。私的会談はおそらく三十回くらいは開かれたと思う」(『戦後二十年の遍歴』)との記述がある程度です。

一方、当時、外務省条約局長だった西村熊雄は自著『サンフランシスコ平和条約・日米安保条約』(中央公論新社)で九〇日以内の駐留撤退に関して、こう記しています。

「日本が占領軍に提供している施設と区域は平和条約の発効と同時に返還されるべきであり、安保条約による駐留軍の必要とする施設と区域は新たに日本が提供すべきものであるとの立場をわれわれがとった」のだそうです。しかし、「先方の強い主張」があって、「交換公文で使用が継続できることにした」と。

行政協定に対する西村の考えが色濃く現れている下りがあるので紹介しておきます。

「どの国でも、軍隊、その使用する施設、区域は普通の行政官庁のそれと全く同一の条件のもとにおかれるのではなく、特殊の地位におかれるものである。国のなかで国をなすとまでいわなくてもはっきり特権的な立場に立っているのである。だから、日本に軍隊があって、そこに合衆国軍隊が常駐し、日本の軍隊と同じ立場に立つことになれば、日本国民は合衆国軍隊をいま感ずるほどに特権的な存在と感じないであろう。行政協定の第二条ないし第二十三条の条項に盛られている特権、権能、免除は、読んであまり愉快なものではないのであるが、だいたい軍隊本来の使命を果たすため外国にある軍隊としては当然享有すべきものに該当するのである」（『サンフランシスコ平和条約・日米安保条約』）

行政協定二条には、区域を限定しない基地使用への同意などが盛り込まれています。二三条は、米軍人関係者の「財産の安全の確保」を規定しています。

一九六〇年の安保改定に際し、行政協定を日米地位協定に差し替えるに当たっての西村の見解は以下です。

「端的にいうと、上記の二十二の条文について再検討し再交渉した結果は、現行のものとそう大きくちがうものとはならないであろう。（中略）だから、問題は、このさい新しく行政協定をつくるとして、現行行政協定の二十二の条文とほぼ同じ条文を羅列した協定をつくり、一般国民にまたこんな一方的な、たくさんの特権、権能、免除を駐留軍に与えるのか、との印象をふたたび与えることの賢明さ、不賢明さにあるといっていい」

とどめは「行政協定はそうわるい協定ではない。よくできている協定である」と自賛し、アメリカは交渉にあたって行政協定を「不公表」(非公表)とすることを要求したが、日本側がそれを制して公表することになったのだというエピソードも盛り込んでいます。

実態はどうなのでしょうか。旧安保条約をめぐる日米交渉について関西学院大学の元教授の豊下楢彦氏(国際政治学)は著書『安保条約の成立――吉田外交と天皇外交』(岩波書店)で「要するにこの交渉を一言でいえば、基地提供をいかに〝高く売りつけるか〟という立場と、軍隊の駐留についていかに〝恩を着せる〟かたちにするかという立場の攻防戦であった。結果として米側は、『米国が日本に駐兵したいことも真理』という日本側の『五分五分の論理』を拒否しつづけることで、この攻防戦に勝利した、といえよう」と総括しています。

第2章 「豊かさ」とともに

日常的に沖縄の市街地上空を飛行するオスプレイ（2013年8月12日、沖縄県宜野湾市）［共同］

「基地問題」とイデオロギー

朝鮮戦争は日本に「特需」をもたらしました。

マイケル・シャラーは著書『「日米関係」とは何だったのか──占領期から冷戦終結後まで』(草思社)で、当時の日本国内の「はしゃぎぶり」を巧みに拾っています。

「朝鮮戦争勃発は、低迷状態にあった日本の経済と株式市場を生き返らせた。北朝鮮の攻撃を知らされたとき、吉田首相は『天佑だ』と叫んだ、ということだし、日本銀行総裁一万田尚登は軍需調達を『神の助け』と呼んだということだが、それもこれも不思議ではなかった。一九五一年の初めのころの国会で吉田は、『朝鮮戦争は、日本経済の復活に対して、これまでの占領政策の成果のすべてが与えてくれた刺激よりも、より大きな刺激を与えてくれた』と断言した。駐日アメリカ大使ロバート・マーフィは朝鮮戦争を、日本を『最大限のスピード』で再建させてくれた『天の賜物』と評した。また彼は、軍需ブームは日本を『一大補給所』に『変えた』、『これがなければ朝鮮戦争は戦えなかっただろう』と述べた」

朝鮮戦争で日本は米軍への軍需調達のみならず、警察予備隊にも工事、需品、役務などの調達を活発化させていました。従来から「わが特別調達庁は我が国防衛機構に合体すべし」との庁内方針を固めていた特別調達庁はこれに目をつけ、警察予備隊本部とも協議のうえ、一九五二年三月八日、内閣総理大臣に設置法改正案の閣議了解を求めました。理由はこうです。

「特別調達庁は従来連合国占領軍のための調達を行うことを任務としていたが、日米安全保障条約の効力発生とともに駐留軍のための調達を行う必要があり、また特別調達庁は調達に関しては豊富な経験と優秀な技術者を有しているので、警察予備隊の需要する工事等の調達についても警察予備隊本部長官からの委託により実施することは調達業務を円滑に処理できるとともに経費の節減を計ることができる」

講和条約発効にともない、「連合国軍」のための調達を、「駐留軍」のための調達に改正するのと合わせて、警察予備隊の要請に応じて工事などの委託業務を実施できるように規定を設けることなどを盛り込んだのです。

この設置法改正案を議論した次官会議で「特別調達庁は占領下に設置された官

庁であるので、独立後は占領下的色彩を取り除いて新発足するものであるとの見地から名称を調達庁とする」との意見が出ました。

占領終結後も米軍にさまざまな「特権」を付与することが旧安保条約や行政協定に盛り込まれているわけですから、「特別」をとることで「占領下的色彩」を取り除くというのは小細工に過ぎません。それでもトントン拍子に話が進み、一九五二年三月二〇日に閣議決定された後、三月三一日の参院本会議でスピード可決し、成立しました。

これが調達庁発足に至る経緯です。

調達庁は安保条約の改定や反安保闘争、自衛隊の発足という時代の荒波をもろにかぶります。

日米安保改定に乗り出したのが岸信介首相です。

岸は首相在任中、日米行政協定を改定し、日米地位協定に名称変更しました。しかし、米軍による基地の排他的管理権や基地返還の際の原状回復義務の免責、公務中の米軍関係者の第一次裁判権はアメリカ側がもつことなど、米軍に特権を認める主な項目はそのまま温存されました。一方、アメリカの日本防衛義務の明文化など旧安保条約の不平等性にかかる部分の若干の是正と、在日米軍の地上軍の大幅撤退は実現にこぎつけました。

ただ、旧安保条約は米軍の駐留を「暫定措置」と規定していましたが、改定によって在日米軍は事実上、無期限に居座ることになり、在日米軍と自衛隊がセットで「日本防衛」に当たる形式が定着した面も見逃せません。このことが、米軍と自衛隊が一体化し、世界規模での運用を図りつつある現在の基盤になった、と捉えることも可能ではないでしょうか。

一九五七年六月二一日、日米首脳はワシントンで会談し、米地上軍（陸軍と海兵隊）の早期撤退などを盛り込んだ「岸・アイゼンハウアー共同声明」を公表します。これによって在日米軍施設・区域の返還が進み、米軍関係

1957年6月、ホワイトハウスにアイゼンハワー・アメリカ大統領（前列左端）を訪問した岸信介首相（中）。右はダレス・アメリカ国務長官　［共同］

業務が大幅に減少したことから、六〇年前後、調達庁は大規模な定員削減に直面しました。

一九五六年度末には四五八件、約一〇億五六〇〇万平方メートルだった在日米軍施設・区域が、五九年度末には二四三件、約三億三六〇〇万平方メートルまで激減。これにともない、調達庁の職員も五八年度が一三五人、五九年度が三二〇人、六〇年度が七五人、六一年度が七五人といった具合に定員削減が進み、職員に将来への不安が広がりました。

米軍削減の背景には、日本全土での「反基地運動」の盛り上がりがありました。岸が政権の座につく直前の一九五七年一月三〇日には、群馬県の米軍演習場で空薬きょうを拾いに来ていた主婦が二一歳の米軍兵に射殺された「ジラード事件」も起きていました。

ただ、アメリカ地上軍の大幅撤退の背景については、当時の内外の世論状況に広く留意する必要があります。

関東学院大学の林博史教授（日本近現代史）は著書『米軍基地の歴史――世界ネットワークの形成と展開』（吉川弘文館）で「一九五〇年代は基地闘争以外にも民衆の

平和と民主主義の運動が高揚した時期だった」と指摘しています。

その要因として、

・五四年三月一日、ビキニ環礁でのアメリカの水爆実験によって多くの日本漁船が被爆し、そのなかでも第五福竜丸の無線長久保山愛吉さんが死亡した

・この事件をきっかけに原水爆禁止運動が超党派で広がり、五五年八月には原水爆禁止世界大会が広島で開催された

・五三年の朝鮮戦争休戦

・五四年のインドシナ休戦

・五五年四月にインドネシアのバンドンで開催された第一回アジア・アフリカ会議

などを挙げています。

こうした影響を受け、国内世論は米軍の日本駐留について、「独立」回復直後の一九五二年五月には賛成四八%、反対二〇%だったのが、五三年六月には二七%と四七%と逆転。外交政策についても朝鮮戦争勃発まもない五〇年九月には親自由陣営五五%、中立二二%だったのに対して、五三年六月には三五%対

三八％、五九年九月には二六％対五〇％と中立を支持する声が増大していました（朝日新聞、五九年は読売新聞の世論調査、前掲『米軍基地の歴史』より抜粋）。

当時の国民意識が内外の情勢に敏感に反応し、「思考停止」していなかったことをうかがわせます。

防衛施設庁が解体される直前の二〇〇七年に同庁によって編さんされた『防衛施設庁史』は、一九五〇年代に顕在化した「基地問題」について、内閣総理大臣官房審議室参事官だった上平輝夫氏の以下の解説を提示しています。

「元来は地元民の補償要求を中心とした経済的闘争的な性格の運動が、『軍事基地絶対反対』の立場をとる外部勢力が介入することにより、次第に複雑な性格の政治的問題へと発展し、地元民の運動は、いつの間にか軍事基地絶対反対というイデオロギー的色彩の濃い政治闘争にすりかえられ、運動の主導権もこれら外部勢力の手に移る、というような事案がいくつか発生するようになってきた」

これは、『政府の窓』という総理府編集の政府刊行物に一九六一年七月一日に掲載されたものです。

私が懸念するのは、政府内部では今なお、国策に異を唱える市民運動を「イデオロギー」の枠でくくる習性があるように感じられることです。社会問題の多くを保革の「政争の具」として扱いがちだった五五年体制はすでに崩壊しています。今の日本では、原発にせよ、安保法制にせよ、「イデオロギー」で賛否両派を色分けするのは困難な政治課題のほうが多いのではないでしょうか。いまだに、政治性を帯びた色眼鏡で都合よく判断しようとする政府の側こそ、時代遅れのイデオロギーに縛られている、と感じる局面が少なからずあります。

『沖縄タイムス』記者だった数年前、顔見知りの中堅の外務官僚から突然浴びせられた言葉が強く印象に残っています。

雑談の途中、話が辺野古の問題に及んだとき、その官僚はそれまでの社交辞令の会話を止め、別人のような厳しい口調で私にこう言い放ちました。「あなたたちはそうやって辺野古は止めるべきだと言うけれど、かりに政府が従えば、どうせ次は嘉手納基地を返せ、と言うんでしょう。その手には乗りませんよ」

私は論理の飛躍に一瞬、呆気にとられました。この官僚とは数回会っただけでしたが、普段は決して感情を表に出さない冷静沈着なイメージがあったために余計驚きました。「あなたたち」とはこの場合、『沖縄タイムス』を指すのか、市民運動の当事者を指すのか、沖縄の民意を指すのかわかりませんが、いずれにせよ、私個人にこうした言葉をぶつけるのは筋違いです。しかし、ふいに私にぶつけた感情は、彼のやむにやまれぬ本音だったのではないかと悟りました。

その後、「沖縄通」と称される元外務官僚の外交評論家も同様の分析をしている文面に接し、「辺野古の次は嘉手納」と警戒する刷り込みは沖縄政策に関与する政府関係者に共通する思考回路なのではないか、と受け止めるようになりました。

しかし、辺野古で甘やかすと、次は嘉手納返還を求めてくるから辺野古で譲歩するわけにはいかない、と政府が本気で考えているとしたら、封建社会の為政者のような高圧的な意識感覚に違和感を覚えるとともに、沖縄の民意をくみとる能力の低さに呆れてしまいます。彼らの中には、反基地運動が盛り上がるのは『軍事基地絶対反対』のイデオロギーに染まった煽動者がいるからだ、という認識が抜けがたくあるのではないでしょうか。この先入観が払拭されない限り、沖縄と政府の溝は埋まらないと確信しています。

沖縄で辺野古の新基地建設反対の世論が多数を占めるようになったのは、イデオロギーの枠を超え、新基地は造らないほうがメリットは大きい、という翁長知事らの論が政府の論よりも説得力があるからだと私は認識しています。「イデオロギーよりアイデンティティー」という翁長知事の知事選でのキャッチコピーが象徴的です。

基地はないほうが「正しい」のは決まっているのですが、かといってなくなると困る人もいる、どうせ政府には逆らえない、というジレンマに沖縄は長年、苦しみ抜いてきました。イデオロギーだけでは割り切れない、複雑な社会構造の中に基地が組み込まれているからです。

今、「オール沖縄」といわれる翁長知事を支持するコアな層が求めているのは、辺野古に新基地を造らずに普天間飛行場は返還すべきだという、この一点に絞られています。これは譲れない線になっていますが、自衛隊基地や日米同盟の意義については、翁長知事は肯定する立場です。

これは裏を返せば、他の米軍基地や自衛隊基地の問題にまで要求を拡げると、「オール沖縄」という超党派の足並みを維持できない、ということです。同時に、政府はせめてこれぐらいは聞く耳をもつべきだ、という沖縄側の「やむにやまれぬ、ささやかな願い」でもあるのです。

普天間飛行場が返還されても、在日米軍専用施設の七四％が集中する沖縄の負担は一％減る程度です。沖縄は、集落と接する実弾演習場や「極東最大」の空軍嘉手納基地、米原潜が寄港するホワイトビーチなど多種多様な米軍施設を抱えています。

辺野古の新基地に反対する現在の沖縄県民の世論を「感情的」と捉える人もいますが、私はそうは思いません。県民は沖縄戦の体験と、基地が置かれた歴史的経緯、さらには安全保障政策の知識も踏まえ、情報を吟味したうえで、「海兵隊は日本の抑止力には関係なく、沖縄県外でも機能するはずだ」との確信を抱くに至り、辺野古の新基地は不要と訴えているのです。「安保の現場」で辛酸をなめてきた沖縄だからこそ、リアリティーのある安全保障論議をよび起こすことに成功しているのだと思います。

むしろ政府が、沖縄の民意をまったくかえりみず辺野古への新基地建設を強行するのであれば、反基地感情は他の基地にも波及していく可能性があると思います。ただし、そのときも、反基地運動＝「イデオロギー闘争」という枠で捉えるのは誤りです。

先進的な民主主義社会においては、安全保障政策という国民の生活や命に直結する政治課題だからこそ、「由《よ》らしむべし、知らしむべからず」の従来のスタンスでは通用しない、ということを政府関係者はそろそろ学ぶべきではないでしょうか。「対米従属」というイデオロギーに縛られて柔軟な政策をとれず、沖縄に対する視野狭窄と疑心暗鬼で身動きとれなくなっているのは政府のほうだと思います。

沖縄に基地が集中し過ぎる今のままでは、持続可能な安全保障政策とは言えず、安保の脆弱性につながる、ということを沖縄側は何十年にもわたって繰り返し訴えてきました。いつまでたっても聞く耳をもたず、抜本解決にはつながらない県内移設に終始し、振興策という弥縫策でごまかしてきた政府、本土側の無策のつけが回ってきたのだと捉える大局観が必要です。

沖縄の反基地運動は「本土の左翼」が牛耳っているわけでも、沖縄が「左翼の島」というわけでもありません。本土の左翼や単一のイデオロギーで引っ張れるほど、沖縄世論は単純ではなく、甘くもありません。沖縄ですべての基地の即時返還を求めている人は多数派ではありません。グロテスクなほどに基地が集中し過ぎている中でなお、地元の同意を得ずに新たな基地を造ろうとしていることに多くの人が反発しているのです。情緒ではなく、極めて論理的かつシンプルな理由に基づくものだからこそ、「辺野古新基地建設反対」の民意は強固なのです。

この明白な政治課題に、政府が正面から向き合おうとせず、一部メディアが色眼鏡や偏見で論理をすり替えたり、詭弁を弄したりすることで、取り返しのつかないほど沖縄との信頼関係を損ねているのが現実だと思います。

砂川闘争の教訓

『防衛施設庁史』が「経済的な性格の闘争が政治的な闘争へ性格を変え」た事例として挙げているのが、一九五二年から五七年にかけて続いた石川県の内灘闘争です。

朝鮮戦争にともない、米軍は砲弾の性能検査をする試射場の提供を日本政府に求め、政府は石川県の内灘（当時内灘村、現内灘町）を最適地と判断しました。住民は接収に反対しましたが、見舞金や補償金を支払うことでいったんは合意します。しかし当初四ヶ月とされた使用期間を超えて継続使用することへの反発が強まり、大規模な「内灘闘争」へと発展しました。政府は見舞金や補償金の追加支給や、かんがい用水路、交通産業道路の建設、漁港の整備といった「地元対策」を提示するなど事態収拾に追われました。

内灘闘争は、政府内に米軍に提供する施設や区域に関する国内事務の一元化を促すという副次的な作用をもたらしました。

当初は外務省主導で予備調査がおこなわれ、その後、調達庁が用地の補償を担当しました。国会ではアメリカ側との交渉に当たった外務省国際協力局長が主に答弁し、調達庁長官は補償面での補完的な答弁にとどまりました。

こうした二元的な対応は非効率との指摘が

内灘試射場問題で、政府代表の自動車を取り囲み、警官隊ともみ合うデモ隊（1953年6月10日、石川県金沢市の石川県庁前）［朝日］

国会であったそうですが、一番おもしろくなかったのは現場で「汚れ役」として汗をかいた調達庁の職員でした。「単に補償のみを担当し絶えず問題の下働きに甘んずることに士気を喪失するという状況も見られるように」（『防衛施設庁史』）なりました。

このような経緯から、一九五三年一〇月二七日に「在日合衆国に対する施設・区域ならびに返還手続に関する件」が閣議了解され、在日米軍の施設・区域の提供や返還に関する国内事務は、調達庁が主導し、一元的におこなう体制が確立されました。

在日米軍基地に関する実務を一元的に担うようになった調達庁の力量が試されたのが、立川飛行場の拡張をめぐる砂川闘争です。

五四年に米軍が東京の立川飛行場の拡張を日本側に求め、土地の取得をめぐって調達庁が住民との間に立つことになりました。五五年から五七年に三回にわたって現地で調達庁職員らが測量しましたが、その都度、地元の反対運動と衝突し、社会問題化しました。

米軍はこの時期、立川飛行場以外にも、木更津飛行場（千葉県）、新潟飛行場（新潟県）、小牧飛行場（愛知県）、横田飛行場（東京都）、伊丹飛行場（大阪府）の拡張を求め、日本側はいずれも応じることにしました。安保条約や行政協定の趣旨を踏まえれば、米軍の求めに「ノー」という選択肢はないと判断したのです。

同時並行的に広範囲にわたり、新たな米軍用地を取得し、しかも住民生活への影響が著しい飛行場として提供することは、かつてない困難な業務になると判断した調達庁は一九五五年四月一日、「臨時特殊施設区域対策本部設置規則」を制定し、同本部に事務を専管する態勢を整えました。

なかでも、住民交渉が最も難航したのが立川飛行場用地でした。

二〇一五年七月六日付『朝日新聞』夕刊の連載「新聞と九条」は、一九五五年九月一三日のデモ隊と警官隊の衝突の場面を以下のように伝えています。

「米軍立川基地の滑走路を延長するため、その予定地に測量隊を入れようとする調達庁（防衛施設庁の前身）と警官隊。これを阻止する反対住民、労組員。そして五〇〇人にのぼる報道陣（一五日付新聞協会報）。町を東西に貫く五日市街道は数千人の人波で埋まった」

この日、作家の梅崎春生が警官隊に向かって演説する者の言葉を、そばで書き留めていたようです。

「暴力をふるつて土地を取り上げて、飛行場を拡《ひろ》げて、そして飛ぶのはどこの飛行機か。アメリカの飛行機ではないか。お前たちはアメリカのために働いてゐるのか」（梅崎「ルポルタージュ砂川」『群像』五五年一一月号）

調達庁は地元町長らから立ち入り調査の協力を得られないと判断し、「日本国とアメリカ合衆国との間の安全保障条約第三条に基づく行政協定の実施にともなう土地等の使用等に関する特別措置法」の適用に向けた準備に入ります。長たらしくて意味のわかりにくい法律名ですが、米軍用地として強制的に土地を接収する超法規的措置です。

立川基地拡張をめぐる強制測量で、反対住民、労働組合員と警官隊のもみ合い（1955年9月13日、東京都・砂川町、五日市街道）［朝日］

調達庁は土地所有者の同意取り付けに奔走しますが、反対派の約九九〇〇平方メートルの土地などは特措法の適用やむなしと判断します。同法に基づき一九五六年八月二日、内閣総理大臣に収用認定を申請し、同年九月一〇日に収用認定を受けました。その後も多くの負傷者を出しながらも測量は進まず、調達庁は五七年三月二五日、これらの土地などの収用採決を東京都収用委員会に申請しました。

こうした中、反対派は実力で測量を阻止しようとし、七人が米軍施設・区域内に侵入したとして、「日本国とアメリカ合衆国との間の安全保障条約第三条に基づく行政協定の実施に伴う刑事特別法」（刑事特別法）を適用され、警察に逮捕されました。一九五九年三月三〇日、東京地裁の伊達秋雄裁判長は「米軍の駐留は憲法九条に違反するから、これを前提とする刑事特別法は憲法三一条（法定手続きの保障）に違反して無効である」との画期的な判断で無罪判決（いわゆる伊達判決）を言い渡します。

この刑事裁判は結果的に、最高裁が「日米安全保障条約のごとき、主権国としての我が国の存立の基礎に重大な関係をもつ高度な政治性を有するものが、違憲であるか否かの法的判断は、（略）原則としてなじまない性質のものであり、したがって一見極めて明白に違憲無効であると認められない限りは、裁判所の司法審査権の範囲外にあると解するを相当とする」という、いわゆる「統治行為論」という法理を編み出して、地裁判決を破棄しました。この判決を導いた当時の田中耕太郎最高裁長官は、駐日米大使と水面下で密接に意思の疎通を図っていたことがアメリカの公文書で判明しています。

時を経て、安倍政権が苦し紛れに、集団的自衛権の行使容認は違憲ではない、という論拠としてこの判決を持ち出しましたが、無理があるのは言うまでもありません。むしろこの判決に至るアメリカ政府の関与を検証し、判決の正当性を問わなければなりません。

砂川闘争は「砂川事件」として裁判に注目が集まることになりましたが、ここで留意したいのは、立川飛行場拡張問題の幕引きです。

一九六八年一二月二〇日、米軍は日本政府に立川飛行場の滑走路延長の中止を表明します。「自衛隊の質的量的充実が進んだ」などの理由を挙げていますが、要はアメリカ側の政治判断が働いたということに尽きるのだと思います。五四年三月の米軍からの飛行場拡張要求から一五年近くが経過していました。この間、日本人どうしが傷つけ合い、司法の権威や正当性も揺らぐ犠牲を払って得た教訓とは何だったのでしょう。

安保条約と行政協定（地位協定）の下、日本側はアメリカ側の意向に逆らえず、在日米軍にかかる政策転換や中止の判断もすべてアメリカ側にゆだねられている、というシビアな現実ではないでしょうか。調達庁や警察・検察・司法機関が費やしたコストとエネルギーは、世論状況を把握するバロメーターとしてアメリカ政府の判断材料に使われただけではなかったのでしょうか。

一方で日本側は、最高裁が「統治行為論」によって憲法判断を避けただけでなく、三権分立という国家の根幹の制度も実質的に否定してしまいました。しかも、高度な政治性を有する国家の行為は憲法判断を控えるべきだとする「統治行為論」という法理は、その後も在日米軍や自衛隊に関する司法判断を縛ることになりました。

この「統治行為論」や、日本の主権が及ばない米軍の行為は規制できないとする「第三者行為論」を盾に、司法は米軍機や自衛隊機の飛行差し止め請求をはねつけてきました。騒音は受忍限度を超えて違法だが、その原因となる軍用機の飛行は司法審査の対象から除外され、制約を受けないという倒錯した事態が野放しにされてきたのです。

ところが二〇一四年五月、厚木基地（神奈川県）を離発着する米軍機と自衛隊機の飛行差し止めを求める住民の行政訴訟で、横浜地裁が全国で初めて自衛隊機については国に夜間・早朝の飛行差し止めを求める判決を言い渡しました。一方、米軍機については「国の支配が及ばない第三者の行為」として従来通り判断を避けました。

これは二〇一五年七月三〇日の東京高裁による控訴審判決でも踏襲されました。自衛隊機の夜間・早朝の飛行差し止めを国に命じる一方、米軍機の差し止めについては「防衛相に米軍機の運航を統括する権限はない」との理由で退けました。米海軍と海上自衛隊が共同使用する厚木基地で、激しい騒音で住民生活に苦痛を与えているのは主に米軍機だと言いますから、自衛隊機の飛行差し止めで実質的な住民の苦痛の解消にはつながりません。

同じ「軍事」に関することでも、自衛隊の運用には司法が介入できても、在日米軍はいまだにアンタッチャブルです。米軍は日本での訴訟で生じた損害賠償の支払い義務を果たさず、日本側に肩代わりさせている実情も明らかになっています。

日米地位協定は米軍の公務中の行為による民間人の損害賠償について、米軍だけに責任がある場合は賠償額の七五％、日米双方に責任がある場合は五〇％をアメリカ側が支払うよう定めています。が、米軍は日米地位協定の履行義務すら果たしていません。まさに植民地における宗主国の態度と言えます。

それにしても日本政府はなぜここまで弱腰なのでしょうか。

元外務官僚の寺崎太郎は砂川事件に際し、一九五七年一月にこう心境を吐露しています。

「サンフランシスコ体制、殊に日米行政協定を先ず改定するのでなくては、いくら騒いでみても、末梢的なレジスタンスに止まり、肝心の米国は高みの見物で、日本人同士がいがみ合う結果に終るだけだ」

それから半世紀――。辺野古の新基地建設では、海では市民と海上保安庁が、陸では市民と警察などが長期にわたって対峙し、日本人どうしあるいは沖縄県民どうしが傷つけ合っています。それでも、これ以上強権的に工事を進めると、結果的にアメリカの国益を毀損する、という判断にアメリカ政府が傾かない限り、計画の中止や撤回は望めないのが実情なのでしょう。日本政府には、基地を沖縄にとどめ、アメリカ政府との合意を履行することしか念頭になく、沖縄と亀裂を深めることが日本の安全保障政策に取り返しのつかない瑕疵となるリスクには考えが及ばないようです。日本政府はいつになれば主体性を取り戻せるのでしょうか。

歴代の沖縄県知事が訪米し、基地負担軽減をアメリカ政府に対して働きかけるのは、こうした日本の対米従属の現実を肌で知るからなのです。

『占領軍調達史――占領軍調達の基調』は終章の末尾でこう記しています。

「特別調達庁は占領軍維持のためのサービス機関として誕生し、その業務は敗戦義務の履行であった。しかし、調達庁は日米安全保障条約に基く行政協定実施のための機関として、その業務は、駐留軍に対する条約上の義務の履行となった」

さらに、職務に関しては「国民の利害と密接な関係をもつ特殊な行政分野である。それは、条約に基く駐留外国軍隊と国民の法益との間の調整任務ともいいうるであろう」と自己分析しています。

「国民の利害」と「国民の法益」という言葉は何を意味するのでしょう。

敗戦にともなう占領が終わっても、日米安保体制の下で実質的な占領体制が続くことを前提として捉えられているのではないでしょうか。日本「独立」の内実は、占領軍を駐留軍と言い換えただけであり、またそうした特殊な体制を維持するための専門機関として調達庁が存続しました。そのことが「国民の利益」とは言い切れない、「利害」だと認めざるを得ない現実を反映しているように思います。「国民の法益」とは、憲法からも逸脱する独立国家として本来認められない態様を許容する、その見返りに「犠牲者」には法的裏付けのある利益を付与する、ということを指すのではないでしょうか。

「思いやり」の強要

一九五〇年七月八日に警察予備隊として発足した自衛隊は、五二年一〇月一五日に保安隊、五四年七月一日に自衛隊となり、隊員数や装備を拡充し「軍隊」としての体裁を整えていきます。米軍の返還用地を自衛隊が引き継いで使用するケースも相次ぎ、防衛庁と調達庁の業務が密接不可分になる傾向にありました。

そこで一九五八年八月一日、「防衛庁設置法等の一部を改正する法律」が施行され、調達庁は総理府の外局から防衛庁の外局に位置づけを変更します。

さらに調達庁は一九五九年二月二四日、調達庁次長を長とし、一九人の参与と二五人の室員で構成する「臨時企画調査室」を立ち上げ、特別調達庁時代の「対日講話条約の効力発生以降、わが特別調達庁は我が国防衛機構に合体すべし」との庁議決定を踏まえ、防衛庁との「合体のかたち」について本格的な検討に入りました。防衛施設庁発足に向けた胎動です。

合わせてこの時期、防衛庁と調達庁はそれぞれの部局長、課長クラス数人による両庁の合併に関する協議会を設置し、協議を重ねていました。一九六一年三月には、調達庁と、防衛庁の建設本部を合併し防衛施設庁を設置することで合意します。

一九六二年二月六日、「防衛庁設置法等の一部を改正する法律案」が閣議決定され、国会提案の運びになります。札幌、仙台、東京、横浜、名古屋、大阪、呉、福岡の地方機関(防衛施設局)を配置する定員三五八七人の防衛施設庁が、防衛庁の外局として六二年一一月一日に発足しました。

防衛施設庁の業務は「調達庁が実施している業務の全部」に加え、「防衛庁建設本部が実施している自衛隊施設の取得、建設工事の実施、自衛隊施設に供される行政財産の管理等の業務」「自衛隊施設周辺の騒音等による損失の補償、自衛隊が行う訓練のための漁業制限または禁止およびこれに伴う損失の補償」を挙げています。

一九六〇年の改定安保条約では、「武力攻撃に抵抗するそれぞれの能力を、憲法上の規定に従うことを条件として、維持し発展させる」との条文が盛り込まれ、日本の再軍備、米軍と自衛隊の一体化が方向付けられました。一方、日本各地で米軍基地の自衛隊との共同使用化も推進されます。基地の管理権を米軍から自衛隊へ移すことで、「基地問題」に対する近隣住民の反発を和らげる方向へ政策がシフトしました。

当時の国会で調達庁長官は、防衛庁がおこなっている自衛隊の基地業務と調達庁がおこなっている米軍の基地業務は関連性が高いため、一つの機構で一本化しておこなうことは非常に合理的だと唱えたうえで、「防衛施設庁を設置する目的の一つは、調達庁の職員の身分の安定」であると説明しています。

「調達庁の方の人員はだんだん減る傾向、と申しますのは、調達庁関係の業務はだんだん減ってきます。自衛隊関係の業務量は増える傾向にある。だから、これを一本化してやれば、業務量として安定してくるわけです。従いまして、調達庁の職員の身分も、一本化すれば安定化する」「身分の安定を図るということが、調達庁職員の五、六年前からの本当に心からの熱願であった」と吐露しています。

自衛隊に関する業務も一部引き受ける、「防衛施設庁」に脱皮することで組織の存続と維持強化につなげる意図がうかがえます。

元防衛施設庁次長の小谷久氏は『防衛施設庁史』で、「組織的に防衛庁本庁との一本化が強まったことは、『米軍施設を自衛隊が借りる時代』から『自衛隊施設を米軍が借りる時代』へという時代の流れにより、自衛隊の主体性が高まる状況に合致する結果となりました。これらの趨勢は、各種の周辺対策事業の進展、充実に大きく寄与したと思います」と振り返っています。具体的に好転した点については、「一点目は、対米関係が『従属的関係』から『恩恵的関係』になったように感じられたことです。主たる要因はやはり『思いやり予算』だったのでしょうね。二点目は、自治体（地域）との関係です。前よりも格段に率直に話ができるようになったし、相互の協力関係も深まったと思えました」などと語っています。

対米関係が「従属的」なものから「恩恵的」になったように感じ、その主因が「思いやり予算」だと受け止める現場の職員の感覚は興味深いところです。

巨額の「思いやり予算」による恩恵を在日米軍に付与してもなお、従属的な対応から脱しきれていないのが日本の実情ではないでしょうか。

「思いやり予算」は金丸信防衛庁長官の提唱で一九七八年度から始まりました。これは、在日米軍駐留経費の日米分担を定めた日米地位協定二四条の範囲の解釈変更によって、なし崩し的に拡大していきます。

一九七八年度に六二億円の支出で始まった在日米軍駐留経費（光熱水費、労務費、訓練移転費など）の負担額は拡大膨張し、ピーク時の一九九九年度には年間二七五六億円、二〇一五年度は年間一八九九億円です。これ以外にも、日本政府は在日米軍の維持に関する予算として、基地周辺の住宅防音工事や公共施設整備事業、軍用地の借料や漁業補償などのほか、自治体への交付金など防衛省以外の負担も含めると、近年は年間五〇〇〇億～六〇〇〇億円台の支出で推移しています。

軍事ジャーナリストの前田哲男氏は「金丸信防衛庁長官が七八年、『思いやり予算』と命名した地位協定の無軌道運転が突っ走るようになる。われわれは、その二〇年にわたる〝思いやりの大安売り〟の末に、今日、膨大な請求書とともに立ちつくしているのである」と二〇〇〇年刊行の著書『在日米軍基地の収支決算』(筑摩書房)で指摘しています。政府は二〇一五年四月のガイドライン改定と同時に発表された日米の外務・防衛閣僚による日米共同文書で、二〇一六年三月に特別協定の期限切れを迎える「思いやり予算」について、「将来の取り決めに関する協議を開始する」と表明しました。「思いやりの大安売り」は、このままいけば四〇年以上にわたって続けることになりそうです。

いつからこうなったのかを詳しく探りましょう。

日米地位協定の締結から少なくとも一〇年間は、米軍基地内の施設工事費など運営維持に関してはアメリカ側が負担し、用地取得(借り上げ料や補償料)は日本側が請け負うという役割分担が機能していました。このことは、一九七〇年一月の山上重信防衛施設庁長官の以下の国会答弁からうかがえます。

「兵舎でございましても、従来からの建物を提供しておるような場合、たとえば民有地、民有の施設を借りて提供しておる場合がございます。そういったような費用は日本政府の負担となっております。しかしながら、提供された区域に兵舎を米側が自分で建てる場合、これはドル資産と申しておりますが、かような場合には米軍自身がその費用の負担をいたしておる、こういうことになっております」

しかし一九七〇年代に入って、地位協定二四条の原則が崩れていきます。

原則崩壊のきっかけは沖縄返還交渉でした。この交渉過程で、基地関連施設の移転に関する費用や基地労働者の待遇に関する費用などを、日本側の負担にする日米間の密約が交わされていたことが明らかになっています。日本人の基地労働者の雇用に関する経費は、占領期には日本側が負担していましたが、旧安保条約締結を前に五一年七月以降はアメリカ側の負担に切り替わっていました。行政協定や地位協定締結後もそれを踏襲していましたが、沖縄返還交渉を契機に再び日本側に負担が押しつけられたのです。

前田氏は同書で「少なくともこの時点から地位協定の自由解釈と『思いやり予算』への道が開かれたことに疑問の余地はないだろう」と指摘しています。その背景については「沖縄返還をカードに、ここで地位協定の経費分担原則の垣根を取り払おうとする米側の意図、一方、返還達成の大目的のために受け入れやむなしと覚悟しつつも、なんとか歯止めだけは残しておきたいと苦慮する日本政府。政府見解には、沖縄返還をめぐる外交交渉のせめぎ合いと、アメリカへの約束を地位協定の範囲内に収めて実行したいとする苦肉の解釈が反映されている」と解説しています。

ここで言う、政府見解というのは一九七三年二月二七日に示された地位協定の解釈に関する統一見解で、「大平見解」といわれる文書です。岩国、三沢の両米軍基地の施設整備について、アメリカからの求めに応じて兵舎整備にかかる経費一〇億円を、「地位協定で日本側が（義務を負う）施設、区域を供給する事業と同様のもの」と判断し、日本側が負担することを明示しています。もはや根拠も、原則も判然としません。

政府が表だって「思いやり予算」と銘打って計上したのは、先に記したように七八年度予算からです。日本人の基地労働者の労務費のうち、福利費と管理費を日本側が充当しました。

これは日米間で協議した結果、「これらの経費は、米軍が駐留軍等労働者を使用するのに直接必要な経費ではなく、米側が負担することが日米地位協定上の義務とは必ずしも考えられない」（『防衛施設庁史』）と判断したようです。

ところが、この「日米地位協定の枠内で日本側の自主的判断により負担できる経費」はその後ズルズル拡大していきます。

翌七九年度には、老朽隊舎の改築、家族住宅の新築、老朽貯油施設の改築、消音装置の新設などが、八七年度からは日本人基地労働者の退職手当など八手当が、九一年度からは日本人基地労働者の基本給などと、電気、ガス、水道、下水道などが、九六年度からは日本側の要請による訓練移転にかかる経費が、それぞれ日本側の負担となることが明示されました。基地内施設の新改築の負担については、軍事施設だけではなく、在日米軍のゴルフ場など娯楽施設も含まれています。

日本人基地労働者の雇用に関する費用の肩代わりについて日本政府は、円高ドル安の進展などによって、「米軍の駐留経費の中でも、とりわけ労務費が圧迫され、これを放置すれば、駐留軍等労働者の雇用の安定が損なわれ、ひいては、米軍の効果的な活動にも影響するおそれが生じてきた」（『防衛施設庁史』）ためと、もっともらしい説明をしてきました。しかしその後も、肩代わり負担が他分野に拡大していくのに及んで、「在日米軍駐留経費負担が日米安保体制の円滑かつ効果的な運用にとって引き続き重要な役割を果たしている」といった漠然とした理由を挙げるしかない状況になります。

一九八七年一月三〇日、中曽根内閣は、在日米軍への駐留費一部負担増額のため、日米間に「特別協定」を結ぶことを閣議決定しました。「思いやり予算の適用を、従来の『地位協定の枠内』という解釈から『地位協定に基づく特別協定』に移行させ」(前田前掲書)たのです。

京都府立大学の川瀬光義教授(経済学)は著書『基地維持政策と財政』(日本経済評論社)で「八七年度からは、日本政府の解釈でも根拠づけできず、特別協定を結ばざるを得ない経費まで負担することとなった。その特別協定は『暫定的』『特例的』『限定的』と言い続けながら、改訂を繰り返し今日に至っている」と説いています。

「思いやり予算」の命名は、七八年六月の衆議院内閣委員会で金丸防衛庁長官が「日米関係が不可欠である以上、円高ドル安という状況の中で、アメリカから要求されるのではなくて、信頼性を高めるということであれば、思いやりというものがあってもいいじゃないか」と答弁したのが由来です。

当時の政府関係者が、わざわざ「思いやり」という言葉を選んで説明したのは、野党や国内世論の反応に心を砕く必要に迫られてのことだったと思われます。日本政府の対応が弱腰のため、アメリカ側の要請を断れず無為に負担を強いられているのではないかという批判にさらされないよう、あくまで日本側の主体的な意思に基づいて、米軍駐留コストを肩代わりしているかのようなポーズをとる必要があったのです。しかし、これも長年続くと、ポーズだったことすら忘れ去られ、断つことのできない「必要経費」のような扱いになってしまっているのが実情です。

財政再建が厳しく求められる中にあっても、国民やマスコミから「税金の無駄遣い」という声は広がりません。「思いやり」の強要があたかも自発的意思に基づくかのように、ならされているのは政府だけではなく、国民も同様でしょう。

二〇〇六年の日米の米軍再編合意では、日本の主権が及ばないアメリカの領土内であるグアムへの基地建設費を日本側が負担することが盛り込まれました。二〇一一年版の防衛白書によると、「在沖海兵隊のグアム移転事業」として、グアム移転に関する経費の総額約一〇二億七〇〇〇万ドルのうち、日本の負担額が約六〇億九〇〇〇万ドルとされています。

アメリカのグレグソン元米国防次官補は、二〇一二年三月に都内のシンポジウムで、在沖米海兵隊のグアム移転と普天間飛行場の移設をセットで進めるとした〇六年の日米合意について、「いわゆる真水（日本政府によるグアム移転の費用負担）が使えるようにやった」と述べ、グアム移転と普天間移設をあえてセットにしたのは、日本側の財政支出が目当てだったというアメリカ側の本音を明かしました。

二〇一二年四月に日米が合意した米軍再編見直しの共同文書では、グアム移転の規模は縮小するにもかかわらず、日本側の負担を増額しました。

こうした事実が明るみになっても、国民の不満の声は広がりませんでした。日本の対米軍援助額は国際的にも突出しています。

アメリカの政治学者ケント・カルダーは「アメリカの戦略目標に対して日本ほど一貫して気前のいい支援を行ってきた国はない」と指摘しています。具体的に「二〇〇二年の日本の米軍援助総額は、四六億ドルを超えている。これは世界各国からアメリカが受けている受入国支援総額の六〇パーセント以上にあたる。日本に配置された兵士一人あたりに対する援助額は、ドイツと比べると五倍近い」（『米軍再編の政治学』〔日本経済新聞出版社〕）と数字を挙げて説明しています。

補償型政治の「進化」

一九五二年四月の講和条約発効後、米軍基地の運用に対する周辺住民の苦情が顕在化し、地方自治体などから国に対策を求める動きが広がりました。

福岡県の芦屋飛行場の防風林伐採による農業被害、東京湾の防潜網設置による漁業被害などをきっかけに、一九五三年八月、「日本国に駐留するアメリカ合衆国軍隊等の行為による特別損失の補償に関する法律」(特別損失補償法)が制定されました。

同法は米軍の行為によって生じた農業、漁業、林業への損失を救済するのが目的です。米軍の行為が適法、無過失であっても、国が損失を補償することを定めた法律でした。しかし、これは実際に生じた損失の補償を規定したものに過ぎないため、米軍基地から派生するトラブルの防止や軽減には対応できませんでした。

都市化や住民意識の変化を受け、米軍基地だけでなく、一九五四年に発足した自衛隊基地の周辺でも演習にともなう騒音への苦情などが相次ぎました。こうした経緯から、政府の側に「民生安定」への対応の必要性が強く認識されていきました。

国に制度保障を促したのは米軍基地や自衛隊を抱える地方自治体でした。全国の米軍基地所在地域の知事でつくる「渉外関係主要都道府県知事連絡協議会」などが中心となり、「基地周辺民生安定法案」をまとめ政府に立法化を要請。「単に個別的な障害の防止軽減措置にとどまらず、防衛施設の所在する地域社会全体の向上発展を目指すような幅の広い解決策の実現の要望」が提出されたことを受けて、政府は一九六六年三月、「防衛施設周辺の整備等に関する法律案」(周辺整備法)を国会提出し、同年七月に施行されました。

周辺整備法は、①障害防止工事の助成、②民生安定施設の助成、③特定飛行場周辺の移転補償等、④損失補償が柱です。このうち、学校などへの「障害防止工事の助成」と「特定飛行場周辺の移転補償等」は従来、個別に行政措置として対応してきたものを法制化したものです。一方、基地周辺地域の生活環境向上のための施設整備などを補助する「民生安定施設の助成」と、自衛隊の運用にともなう「損失補償」は新たな対応策として盛り込まれたものでした。

ケント・カルダーは著書『米軍再編の政治学――駐留米軍と海外基地のゆくえ』(日本経済新聞出版社)で、在外米軍基地を維持する政策の分類の一つとして「補償型政治」という概念を提示し、これが顕著な発展を遂げたのは日本の特質であると分析しています。

カルダーは補償型政治を「強制をほとんど行なわず、そのかわりに相当の物質的補償を提供する(中略)このような補償によって、国は基地反対感情を和らげ、外国軍基地プレゼンスの安定を図ろうとする」と定義しています。そのうえで、「補償とともに、補償を正当化する手続きが必要になる。反対派への財政支援が、反対派自身と地元社会の批判的な目に買収と見られないような理由づけが必要」「重要なのは資金の大部分が基地にさまざまなサービスを提供している地元の団体に向けられていることである。建設業者、基地労働者の労働組合、電力会社、軍用地主などが受益者となっている」といった調子で日本の補償型政治のツボを解説しています。

周辺整備法は他国にあまり類を見ない日本の手厚い「補償型政治」の原型ともいえるでしょう。

『防衛施設庁史』は周辺整備法の意義について、「『環境基本法』（九三年制定）の前身である『公害対策基本法』（六七年制定）が制定される前に、公害類似の『自衛隊等の行為又は防衛施設の設置若しくは運用により生ずる障害の防止等』のための措置を定めるものとして画期的なものであった」と自賛しています。

とはいえ、こうした基地周辺対策は、「公害」の源である軍用機の騒音や、基地から派生する環境汚染などの発生そのものを抑止したり、制限したりすることを国や米軍に求める権限は付与されていません。防音工事などによって被害を緩和するか、移転などの補償によってカネで解決を図るか、公的施設を整備することによって、あくまで被害の本質を覆うのが目的です。公害の防止に関する事業者などの責務を明示している「公害対策基本法」や「環境基本法」と同列に扱うわけにはいかないでしょう。

一方で、『防衛施設庁史』は「基地問題」への対策が指摘されながら立法化が遅れた、との見解を認めたうえで、遅れた理由については「『基地問題』への対策と産業公害への対策の均衡を配慮する必要があったこと、また、『基地問題』に対する施策については、各省庁の所管業務に広く関係するものであり、特に、防衛施設と地域社会ごとにその具体的施策も異なることから、多数の行政事例の積み重ねなしには普遍的な規定を設けにくかったことによる」と説明しています。

一九四七年に農林省に採用され、六二年に調達庁に出向した根本武夫氏は、周辺整備法の制定前後の状況をこう明かしています。

「実際に調達庁職員となり、周辺対策事業を担当してみて驚いたことは、調達庁の周辺対策事業は、全て補償すれば良し、と考えるのが原則だったことでした。そのため、自治体への補助金の交付要領はおろか、事業を概算要求するための資料に要求事業の設計図書さえ添付されていない、ということでした」

米軍の求めにそのまま応じるのが仕事だった調達庁では、基地周辺地域の補償の要望にも「審査」という概念がなく、そのまま応じるのが務め、との意識があったのでしょうか。

防衛施設庁の発足前は、米軍基地から派生する障害に対する対策事業のうち、農地に対するものは農地局が、森林に対するものは林野庁がそれぞれ所管していました。根本氏は農林省で農地局での勤務経験が長く、実際に「周辺対策事業」にも携わっていたと言います。

こうした経験をかわれた根本氏は、調達庁での最初の仕事として、周辺対策事業に関する基本的なルールづくりを任され、「防衛施設庁補助金等交付規則」（六三年告示）などを手がけました。

周辺整備法の法案化の意義について根本氏は「予算措置だけで周辺対策事業を行うのは『弱い』ということです。地元自治体にとっても単なる予算措置よりは法律に基づく措置の方がいろいろと心強いわけです」と解説しています。

高度経済成長にともなう都市化の進展によって、基地の存在が周辺地域の町づくり計画や住環境との調和を図ることが困難になる中、政府は防衛施設周辺対策を「防衛施設の設置や運用について周辺住民の理解と協力を得るための必須の要件」と位置づけ、さらなる補助メニューの内容充実を図ります。

一九七四年制定の「防衛施設周辺の生活環境の整備等に関する法律」（環境整備法）には、米軍や自衛隊の飛行場周辺地域の生活環境向上のため、個々の住宅への防音工事の助成や緑地帯の整備などが加わりました。また、飛行場や演習場、弾薬庫など周辺住民の生活環境への影響が大きい施設を「特定防衛施設」、その対象地域を「特定防衛施設関連市町村」に指定し、①交通施設及び通信施設、②スポーツまたはレクリエーションに関する施設、③環境衛生施設、④教育文化施設、⑤医療施設、⑥社会福祉施設、⑦消防に関する施設、⑧産業の振興に寄与する施設と八分野を明記。地域社会でニーズのある「箱もの」をほぼ網羅するかたちで、交付金（九条交付金）の補助対象としました。

京都府立大教授の川瀬光義氏は「これは、上記の八分野を対象とするいわば『一括交付金』と言ってよく、受け入れ自治体にとって格段に使い勝手がよいといえる」（『基地維持政策と財政』）と指摘しています。

環境整備法は二〇一一年の一部改正で、特定防衛施設周辺整備調整交付金について、従来の公共用施設の整備に加え、医療費の助成といったソフト事業も交付対象にするなど、使い勝手の良さに磨きをかけています。

沖縄で一九九五年に起きたアメリカ海兵隊員らによる少女暴行事件を契機に、政府は沖縄に限定した「地元対策」に傾注していきます。

この事件で沖縄県民の反発が高まり、沖縄の米軍基地の運用維持に不安を感じた政府は、沖縄県内の基地所在市町村や普天間移設先近隣の沖縄本島北部地域にピンポイントで振興策を注ぐ手法を駆使します。これらは防衛省予算とは別枠で投下されたものが多いのも特徴です。

平和と安全のための振興策

『沖縄タイムス』の中部支社（沖縄県沖縄市）に配属された二〇〇〇年代後半の当時、私はあちこちに真新しい公共施設が整備されているのが気になりました。調べると、ほとんどの財源が地元で「島懇《しまこん》事業」とよばれている、沖縄の米軍基地所在市町村に限定した国の振興予算で賄われていることを知りました。中部支社は沖縄本島中部の普天間飛行場（宜野湾市）や嘉手納基地（嘉手納町、沖縄市、北谷町）、ホワイト・ビーチ（うるま市）など在沖米軍の主要施設が集中するエリアをカバーしていましたので、なるほど、と腑に落ちた記憶があります。

島懇事業の正式名称は、沖縄米軍基地所在市町村活性化特別事業といいます。一九九五年の事件後、当時の梶山静六内閣官房長官から「沖縄問題」への協力依頼を受けた元外務官僚で外交評論家の岡本行夫氏が手がけた初の官邸直結の沖縄基地対策事業でした。同事業の具体化に向けて話し合う梶山官房長官の私的諮問機関「沖縄米軍基地所在市町村に関する懇談会」の座長を務めた島田晴雄氏の名前にちなんで「島懇」とよばれるようになりました。

この島懇事業は九六年六月、岡本氏が那覇市内で嘉手納町の宮城篤実町長と会食したのがきっかけで誕生しました。嘉手納町は極東最大の米空軍嘉手納基地を抱え、町域面積の八三パーセントを基地に浸食された「極限のまち」です。宮城町長から町の閉塞状況と活性化への熱意を聴いた岡本氏が、「やっぱりカネさえあれば相当のことはできるのかな」という確信をもって、これまでにない振興策を画策したのが始まりでした。

島懇事業の特徴は、補助対象を沖縄の米軍基地所在市町村に絞り、基地負担の見返りとして官邸直結のシステムで振興事業を割り当てていく前代未聞の手法をとったことです。一〇年間で総額一〇〇〇億円というふれこみでスタートした同事業は、市町村による振興予算の争奪合戦の様相も帯び、沖縄県内のあちこちでさまざまな事業が展開されました。

その目玉が予算総額の四分の一近い二〇〇億円余に上る巨額の国庫配分を受

けた嘉手納町の再開発事業でした。核となる再開発ビルには那覇市から移転した沖縄防衛局が二〇〇八年に入居しました。この顛末については拙著『国策のまちおこし』(凱風社)でフォローしていますので関心のある方は手にとっていただければ幸いです。

しかし、いわゆる「箱もの」の施設整備中心の島懇事業や従来の「民生安定事業」は維持管理費を継続的に捻出できず、自治体財政のお荷物になるケースも出てきました。

私が島懇事業を取材した当時、沖縄の市町村関係者からは以下のような本音を聞きました。

「地元は何のプランもないのに、ある日突然、予算を割り振られ、何か事業をやれと言われた。事業継続中の道半ばで島田懇談会は解散したが、事業は残された。懇談会としては報告書もつくって事業も芽だしできたから、失敗するも成功するも、あとは首長次第という立場だろうが、自分たちで審査しておきながら、という思いはある」

「島田懇談会はこの事業が当初計画通りできていれば失敗はないという前提だ

が、自治体は事業申請する際、とにかく『集客に努力する』と言わされている。そう言わないと、事業採択してもらえなかったからだ」

「事業は住民でつくる『チーム未来』の要望を受け、首長が選択したが、上がっ

嘉手納町の再開発事業「新町・ロータリー地区第2種市街地再開発事業」。上は再開発前（1998年10月）、下は再開発後（2008年6月）［沖縄県嘉手納町］

てきたものは箱ものばかり。これまでの沖縄振興で箱ものをつくったはいいが、維持管理費がもたないということで箱ものはやらないと当初言っていたにもかかわらず、結局ほとんどが箱ものになった」

「より多く、よりいいものを、と欲張った自治体ほど維持管理コストで財政を圧迫し、きゅうきゅうとなっている」

こうした苦言は、予算を「配分してもらっている」側の自治体担当者が、国の官僚らに面と向かって口にできるセリフではないことは容易に察せられました。

座長の島田氏は内閣府の報告書で、自ら島懇事業の本質を明かしています。「単に数字だけではこの事業の意味が分からないということがある。特に質的なことがとても重要で、何のためにこういうことをしたのか」。その解についてはこう述べています。「大げさに言うと、日本の安全と平和と世界の平和にもかかわることなので、非常に大きな意味をもっている」

平たく言えば、日本の安全、ひいては世界の平和を担う沖縄の米軍基地を安定維持する目的をもった事業であるから、単に税金の効率的運用という尺度でとらえてもらっては困るよ、ということでしょう。

他国の軍隊が長期間駐留し続けることから生じる、独立国家としての理念や制度の崩壊、そのことで生じる国民の犠牲や痛み、屈辱といった精神性の毀損をすべて「カネでかたのつく問題」に転換して処理してきたのが、戦後日本の統治システムの本質だったのではないでしょうか。「沖縄に寄り添う姿勢」を前面に打ち出した島田懇談会事業の「善意に彩られた作為」は、その象徴として記録にとどめられることになりそうです。

二〇〇六年一月から〇七年八月まで那覇防衛施設局長を務めた佐藤勉氏は、内閣内政審議室で島懇事業の事務局を担当した時期もありました。防衛庁・防衛施設庁は、佐藤氏のような人材も提供しつつ島懇事業の費用対効果なども冷静に見据え、さらに使い勝手がよく、露骨な利益誘導マシーンとなる、「アメとムチ」の効果をフルに活用できる周辺対策事業を編み出します。

二〇〇七年に制定された「米軍再編交付金」は、交付期間は原則一〇年で、自治体が基地の移設や部隊・訓練の受け入れを拒否した場合は交付が凍結され、受け入れが遅れるほど受給総額が減るシステムです。また、国の方針に従わなければ防衛相の裁量で支給対象から外されます。一方で使い勝手がよくなって、箱ものだけでなく、住民の健康サポートなどソフト関連事業への活用や、基金に積み立てて複数年度の利用も可能になりました。

この米軍再編交付金に関しては、当時の守屋武昌防衛事務次官が原発立地自治体を対象にした電源三法交付金をモデルにつくったことを明言しています。

「防衛省の天皇」といわれた守屋次官は普天間問題にも手を尽くしました。ノンキャリアで沖縄に精通している知己の佐藤勉氏を那覇防衛施設局長に抜擢し、米軍再編協議で変更した新たな普天間移設計画の受け入れをめぐって経済界や自治体、地元区などのてこ入れを図りました（詳細は拙著『「アメとムチ」の構図』〔沖縄タイムス社〕を参照してください）。

「一五年使用期限」や「軍民共用化」など政府と地元で積み上げてきた合意条件をいっさい反故にし、建設位置を集落寄りの沿岸に近づけた米軍再編合意による新たな移設案に、沖縄県が異議を唱えると、守屋次官は「（振興策の）食い逃げだ」と激怒しました。普天間飛行場の移設先とされた名護市近隣の沖縄本島北部地域の自治体を対象にした内閣府沖縄担当部局所管の「北部振興事業」の存廃をめぐって、防衛省が口出しするなど異常な事態も起きました。

防衛省は二〇〇七年五月、辺野古沖合の調査機器設置のため、海上自衛隊の掃海母艦「ぶんご」を派遣して海自隊員による作業を敢行します。調査に反対する市民の阻止行動を避け、短期間で確実に設置するための措置でした。

那覇防衛施設局はこの前日、全職員の約四分の一の百人を超える職員を、目立たないよう名護市内に分散して宿泊させました。組織図を作成し、役割分担も班ごとに細かく設定したうえで、当日はキャンプ・シュワブ内の現地本部で反対派の行動監視に当たりました。佐藤局長はのちに「基地内まで反対派が押し寄せるとは思っていなかったが、海上でどんな反対行動が展開されるのか確認する必要があった」と振り返っています。こうした守屋次官時代の強引な手法は沖縄の経済界や保守政治家からも反発を招きました。

普天間問題をめぐって在京メディアなどでは、「普天間の県外移設」を唱えながら挫折した鳩山由紀夫首相が、政府と沖縄の関係をこじらせた「戦犯」のように語られることが多いですが、『沖縄タイムス』で「基地担当」の記者をしていた私には違和感があります。鳩山首相の言動が沖縄の民意を「県外」に覚醒させたのは間違いありません。しかし、実際には守屋次官在任中の小泉純一郎政権時、沖縄県政と自民党中枢の信頼関係はすでにかなり崩れていました。当時の沖縄県の稲嶺恵一知事を支えていたのは沖縄の保守政界と経済界で、その中枢にいたのが翁長雄志氏、現在の沖縄県知事です。

辺野古での新基地建設に対する沖縄側の反発が膨らんだのは、守屋次官時代の強引さが起点だと私は認識しています。小泉政権下での自民党内の派閥政治の弱体化により、従来の利権構造とともに沖縄の保守指導層とパイプのあった自民党有力政治家が影響力を行使できなくなりました。そうした中、守屋氏という一官僚が官邸の厚い信頼を背景に沖縄基地政策の実権を握り、那覇防衛施設局長の佐藤氏とあ・うんの呼吸で地元対策を図っていたのが、民主党への政権交代前夜の状況だったと思います。

守屋次官の目には、従来の沖縄基地政策は端的に、自民党政治家と沖縄経済界の利権の問題と映っていました。この癒着の構図を断つのが国益にもつながるという意識から、沖縄にも厳しく対応したのではないでしょうか。

その是非はともかく、沖縄と信頼関係を築いた初代沖縄開発庁長官の山中貞則のほか、梶山静六、野中広務といった自民党派閥「経世会」に連なる有力政治家の系譜が途切れたことで、沖縄保守の主流派と日本本土の保守政治家の中枢とのパイプが断絶し機能しなくなったまま、現在に至っているのが実情です。翁長知事が「尊敬する政治家」として、引退した野中広務氏を挙げているのが象徴的だと思います。

守屋次官は二〇〇七年一一月、防衛装備品納入をめぐり便宜を図った見返りにゴルフ旅行などの接待を受けたとして東京地検特捜部に収賄容疑で逮捕され、普天間問題の表舞台から去ります。

沖縄では二〇一〇年一月の名護市長選で、「海にも陸にも新しい基地は造らせない」と訴える稲嶺進市長が当選します。稲嶺市長は「辺野古移設」に反対したことで、米軍再編交付金を凍結されました。この際、移設容認派の前市長らは、これによって市が財政破綻に陥るかのようなネガティブキャンペーンを展開しましたが、市民は冷静でした。市外からの「ふるさと納税」が急増する思わぬ助け船もあり、かえって反対の民意の結束を固める方向に作用しました。

辺野古の新基地建設に関して、沖縄では翁長知事を軸に、アメもムチも通用しない強固な民意が構築されていきました。

沖縄は米軍による事件事故だけでなく、国によって自治の尊厳を幾度となく脅かされ、ばらまき同然のアメに翻弄されてきたことで得た多くの教訓に学び、鍛えられて現在に至っているのです。

「アメとムチ」政策の罪

旧防衛施設庁や防衛省は、米軍岩国基地を抱える山口県岩国市にも「アメとムチ」政策を展開し、功を奏していました。

二〇〇四年一〇月に日米政府が発表した「米軍再編中間報告」には、米空母艦載機を厚木基地（神奈川県）から岩国基地に移駐することも盛り込まれていました。この受け入れの可否をめぐって、岩国市の井原勝介市長は二〇〇六年三月に住民投票を実施します。米空母艦載機移転への反対が約九割を占めると、防衛施設庁は防衛施設にかかる補助（SACO交付金）を一方的に凍結しました。このため岩国市は、市庁舎建設工事の中断に追いやられます。民意を受けて移転反対の姿勢を打ち出す井原市長に対する明らかな締め付けでした。

「一年目三億円、二年目一一億円と補助金は約束通り順調に交付され、庁舎の建設は順調に進み、基礎工事も終わり、最後の三年目、仕上げの段階になって、突如、国と地方の公的な約束が一方的に反故にされたのである」（井原著『岩国に吹いた風——米軍再編・市民と共にたたかう』高文研）

井原市長は在任中、何とか政府との接点を探ろうと、懸案事項を整理して、合意に向けて継続的に話し合う「協議機関」の設置について何度も提案したと言います。しかし国は「乗ってくる素振りさえ」なかったそうです。

井原市長は、在日米軍基地の運用について主体性を発揮せず、日米合意の履行しか念頭にない防衛省の対応にほとほと失望し、こう悟っています。

「日本の政府には当事者能力がないのではないか。アメリカとの関係があまりにも従属的で、二国間で決めたことは少しも動かせない。アメリカと決めたことを、ただ地方自治体に押し付けることだけしか方法を持っていない。いくら政府と交渉しても、彼らには当事者能力がなく、埒が明かない。

われわれの政府なのだから、地元住民の不安や反発を受けて、厳しいかもしれないがアメリカと交渉してみようではないか、その結果うまくいかなければその状況を説明し、どうしても難しいから何とか理解してくれという姿勢が少しでもあれば、われわれの印象は全然違うものになる。しかし、そんな気持ちは微塵もない、というか、その力も意欲もないというのが現実のようである」(同前書)

その後の市長選で、井原市長は敗れ、米空母艦載機移駐に協力姿勢を示す市長が就任しています。

私は本書の「はじめに」で、沖縄防衛局が自治体や市民団体の申し入れに「オープン」で取材対応していることについて、「職員が腰を低くして殊勝な態度で応じることで、またそのやりとりを逐一われわれ記者が報じることで、世論のガス抜きの役割を果たしてきたのではないか。われわれ地元マスコミも、緩衝剤として米軍と住民の間に立つ防衛局が構築したシステムに組み込まれていたのではないか」と懐疑的ともとれる見方を示しました。

しかし、誤解のないよう補足しておきたいのですが、私自身、記者が立ち会うことの意義は痛感しています。防衛局の職員が口先だけで謝罪しているのかどうかということも、実際に立ち会わなければわかりません。記事をどう書くか以前に、事実がどうなのかを正確に把握しておかなければ、「取材」とは言えないからです。

沖縄では県庁で知事が公式に面談する場合も、すべて公開にするのが原則です。アメリカのラムズフェルド国防長官が二〇〇三年一一月に稲嶺恵一知事を訪ねたときも、すべて公開しました。カメラの列と大勢の記者が見守る席上、稲嶺知事はラムズフェルド国防長官に向かって抗議に近い口調で米軍基地の「負担」や被害に言及し、県民感情をマグマにたとえ、「一度、穴が開くと大きく噴出する」と訴えました。

国防長官の顔がみるみる紅潮して気色ばみ、明らかにむっとしたのを記憶しています。アメリカ政府に対しては腫れ物に触るような態度の外務省や防衛省の官僚がそばにいたら、さぞかし肝を冷やしたことでしょう。

私の先輩に当たる『沖縄タイムス』OBでジャーナリストの屋良朝博氏がハワイで米軍関係者に取材したところによると、このときマスコミの前で恥をかかされ、機嫌を損ねたラムズフェルド国防長官が、その後、沖縄の海兵隊のグアム移転を指示したのだそうです。

沖縄県の場合、オープン取材の徹底は、県サイドと主に地元マスコミの間で培われてきた長年の慣例が支えになっています。沖縄防衛局への申し入れ取材も同様に、慣例で先述の通り全面公開が原則です。非公開のケースがあれば、その都度、地元記者が猛然と抗議し、合理的な説明を求めました。

マスコミも立ち会うことで申し入れの場は衆人環視ということになりますので、申し入れる側も受け入れる側もなれ合いのムードはなく真剣勝負の火花が散ります。もちろん交渉ごとには水面下での調整も必要でしょうが、せめて執務時間に庁内でおこなう業務についてはオープンにするのが筋だと思います。そうした慣例を維持していくには、マスコミ側の意識や気概も問われます。

余談が膨らみましたが、国への申し入れや面談の非公開が通例化しているのであれば、井原市長がどれだけ執拗かつ真摯な姿勢で、防衛省や地元の防衛局を相手に交渉を働き掛けても成立しなかった内実は、市民に十分伝わらなかったのでは、という懸念がちらりとよぎりました。

井原市長は東大法学部を卒業した労働省（現厚生労働省）の元官僚です。私は米軍再編の中間報告が出て間もないころ、インタビューさせてもらいました。そのときは発言内容にそつがなく、堅物のような印象もあり、「この市長はどうせ最終的には国の要求に応じるだろう」とうがった見方をしていました。今思うと、経歴で判断して「色眼鏡」で見ていたのかもしれないと反省しています。しかし、井原市長は「軍事基地絶対反対というイデオロギー的色彩の濃い政治闘争」で米艦載機の移駐反対を判断するタイプではなかったのも事実だと思います。民意に忠実な政治をおこなうのが「民主主義のモデル」だと信じ、信念を貫こうとしたのだということが著書からもうかがえます。

井原氏は自著『岩国に吹いた風』で、基地負担の見返りの振興策についてこう述べています。

「これまでに合計で一千億円近い補助金が投入されたと言われているが、それにより岩国は大きく発展しただろうか。確かに基地関連の公共事業で当座の利益を得る人たちはいるが、その効果は限られている。自らのまちの未来は自らの汗と知恵で切り拓くもの。基地と引き換えにお金を取ってきても、決して本当のまちの発展にはつながらない。このことは他のまちと比較してみればすぐわかる」

さらに、こう締めくくっています。

「基地から生じるお金は麻薬のようなものである。切れれば欲しくなるし、使えば使うほど中毒になり自立できなくなる。精神的な依存心が高まっていることが、最大のデメリットかもしれない」

交付金などの使い勝手がよくなる制度の「進化」は、受給する自治体の側からの要望がまずあって、そうした声を敏感に吸い上げ、かゆいところに手が届く、国の法制度を熟知した政府職員の存在と、それを法制度化する政治力が作用して初めて実現するものだと思います。その役割を主に担ったのが、全国にきめ細かな地方機関を抱える防衛施設庁でした。

カルダーは「旧防衛施設庁が、米軍の防衛支援のために活動する世界最大の防衛に関わる補償機関であったことは間違いない」と位置づけています。そのうえで、「(米軍の)前方展開兵力のプレゼンスを安定させるには、単純に基地問題を金で解決すればよいというものではない。ほとんどすべての場合において、受け入れる共同体の民意に敏感であることが必要である。相互関係を円滑にするには、日本で見られるような、基地を受け入れる地元共同体との交流という高度な枠組みを必要とする。こうした機関は、共同体の求めを探知して迅速に対応するだけではなく、相手の面目を保つよう慎重に応じるといった細心の注意を要求される」と分析しています。

たしかに「アメとムチ」政策は、本音と建て前の微妙な使い分けで成り立っている面もあります。

沖縄県の仲井真弘多前知事は二〇一三年一二月、公約を翻して辺野古埋め立てを許可する際、国の振興予算を確保した成果を誇り、「これでよい正月が迎えられる」と公言しました。このことが沖縄の有権者の怒りをかい、その民意を的確につかんだ翁長雄志氏が次期知事の座に就きました。もちろん、仲井真氏が一転して移設を容認する前から、沖縄の民意は「移設反対」が大勢を占めており、どんな理由であれ、知事が移設を認めるようなことがあれば沖縄の有権者の怒りは拡がったと思います。

しかし、仲井真氏が移設容認に転じたことに悪びれる様子も見せず、さばさばした表情で振興予算を確保した成果を誇るという、ある意味予想外の姿をさらけ出したことで、沖縄の有権者のプライドは幾重にも踏みにじられ、結果的に沖縄世論がさらに強固に辺野古新基地建設に反対する土台を形成することになったのも事実だと思います。仲井真氏があまりにもストレートに本音を口にしたために、政府のアメは効かないばかりか、かえって「新基地建設反対」の世論の火に油を注ぐことになったのです。

こんな例もあります。名護市長選を控えた二〇一四年一月、「推進派」が推す候補の応援演説のため名護市入りした自民党の石破茂幹事長が、突然降ってわいたように同市の地域振興に向けて五〇〇億円規模の基金を立ち上げる、と表明しました。有力政治家が市長選の告示後になって巨額の予算を提示し、特定候補への投票を呼び掛ける。まさに札束で有権者の頬を殴るような露骨な利益誘導でしたが、地元で顰蹙《ひんしゅく》をかって案の定、裏目に出ました。移設に反対する稲嶺進市長が再選されると、基金の話はぷっつり消えました。

一方、仲井真知事の前任の稲嶺恵一知事は一九九九年一一月、「軍民共用」や「一五年使用期限」という条件を付け、いったんは辺野古への移設を「苦渋の選択」で受け入れました。その後、政府が一方的に移設先を変更し、移設条件を反古にしたため、稲嶺知事は最終的には移設反対の立場で任期を終えました。しかし当初、まさに「苦渋の選択」がありありと浮かぶ苦しい表情で条件付き容認を表明した稲嶺知事の姿勢には、沖縄の少なからずといえる層の支持と共感を得ていたのも事実です。念のため付言しますが、稲嶺知事の人間性からも、苦渋ぶりを演じた、というようなことは有り得ません。それが透けて見えるようでは有権者にも響かなかったと思います。

もちろん、稲嶺県政が掲げた移設容認条件そのものが、地元の空気や情勢を読んで周到に練り上げられたものだったことが、当時の沖縄世論の支持を得た大きな要因としては外せません。

それでもカルダーが指摘しているように、日本の補償型政治が成り立つには単にアメをばらまいたり、ターゲットとなる地元のリーダーの政治家を籠絡したりすれば済むのではなく、民意をくみとるだけの器量や政治力が必要だということです。「受け入れる共同体の民意に敏感であること」が地元にも政府にも必須に求められます。

全国報道では沖縄の基地問題に関しては、普天間問題や辺野古新基地建設問題に重点が置かれています。このため、沖縄防衛局の頭ごなしの強引さばかりが目につきます。しかし、「相手の面目を保」ちつつ、防衛行政を円滑に進めていく防衛施設庁の仕事ぶりを、私は沖縄でつぶさに見てきました。一つ、直近の例を挙げてみます。防衛施設庁が廃止された後の防衛省沖縄防衛局の取り組みです。

二〇一四年八月二日。リゾートホテルが立ち並ぶ沖縄県恩納村の瀬良垣区で待望の新公民館の完成を祝う式典が開かれました。新しい施設の名称は従来の「瀬良垣公民館」ではなく、「瀬良垣区交流施設」の看板が付けられていました。「公民館」と名乗るわけにはいかない事情があったのです。

恩納村は米海兵隊施設キャンプ・ハンセンのほか、航空自衛隊施設も抱えています。瀬良垣区交流施設は防衛省の環境整備法第八条に基づく「まちづくり支援事業」の対象として、国の七五パーセント補助で整備されました。このために、実質的には老朽化した公民館の建て替えですが、防衛省の補助を得るに当たって新施設はあくまで「村内のキャンプ・ハンセンの米軍人軍属、航空自衛隊員との交流施設」（同村職員）と位置づけられました。

キャンプ・ハンセンは恩納村のほか、金武町、宜野座村にまたがる実弾演習場です。二〇〇六年五月一日に日米両政府が合意した米軍再編最終報告で、「キャンプ・ハンセンは陸上自衛隊の訓練に使用される。施設整備を必要としない共同使用は、〇六年から可能になる」と盛り込まれました。

キャンプ・ハンセンの陸上自衛隊の共同使用について、地元の三町村長は二〇〇七年一一月に金武町役場で記者会見し、それまでの反対姿勢を一転させ、受け入れを表明しました。この「一転の容認劇」の背景に、瀬良垣区交流施設も絡んでいました。

恩納村の志喜屋文康村長は一四年七月、私の取材に「村民の生命、財産を守る立場として、そう簡単にイエスとは言えない状況だった」と述懐しました。村議会も、二回にわたって共同使用反対を決議していました。

転機の一つとして、村長は二〇〇七年八月に米軍再編特別措置法が施行され、米軍再編交付金の全容が明らかになったことを挙げました。村長はこの時期、沖縄防衛局から「一〇年間で三億八千万円」という再編交付金の配分額の概算説明を受けていました。ソフト事業を含む幅広い分野に活用できることも魅力に感じた、と言います。「なかなかできなかった村民の健康づくり事業にも活用できる」と村長は受け止めました。

このとき志喜屋村長は、米軍再編交付金とは別に沖縄防衛局に「協力」を求めました。「共同使用容認の是非を判断するに当たって、地域の要望が強いのが公民館の建て替えだと分かった。これを実現するために防衛省に要請し、まちづくり支援事業というかたちに収まった」。これが公民館の建て替えで防衛省の補助を得た経緯だと、村長は打ち明けてくれました。村長はキャンプ・ハンセンの陸自の共同使用という新たな負担を受け入れる見返りに、防衛省が用意した米軍再編交付金だけでなく、プラスアルファとなる振興策（公民館の建て替え）をこの機に乗じて打診し、見事手中に収めたのです。

公民館の建て替えに窮していた一部の村民からは、村長の政治手腕のように映るかもしれませんが、こうした丁寧な根回しによる地元懐柔は防衛局の真骨頂です。

私は八月二日の瀬良垣区交流施設の完成式を取材しました。式には沖縄防衛局の井上一徳局長も招かれていました。かりゆしウェア姿の井上局長は祝辞で「区民や村民と村内に所在する防衛施設関係者の交流の場として効果的に活用」される施設である点を強調していました。

地元区長のあいさつで印象に残った一節があります。「旧公民館は、昭和五一

（一九七六）年に当区の諸先輩方のご尽力により、自己資金にて建設され（中略）素晴らしい公民館でした」。自己資金で建設した旧公民館への「誇り」が、ひしひしと伝わりました。しかし何十年か後に、自己資金で新しい公民館を建てようという機運を地元で盛り上げるのは、至難の業なのではないかと思いました。岩国市の井原市長が言い表したように「基地から生じるお金は麻薬のようなもの」だからです。

地元の顔を立てつつ、地域の要望に応じ、真綿でくるむように懐柔していく。沖縄防衛局のしたたかな「仕事ぶり」を見せつけられた思いがしました。

先ほど一三〇ページで私は、「沖縄は米軍による事件事故だけでなく、国によって自治の尊厳を幾度となく脅かされ、ばらまき同然のアメに翻弄されてきたことで得た多くの教訓に学び、鍛えられて現在に至っているのです」と記しました。が、沖縄には普天間問題以外に自衛隊基地を含む多岐にわたる「基地問題」があり、それぞれの現場では補償型政治はまだまだ有効に機能しているのが実情です。

そう言うと、基地を抱える地元自治体からは反発もあると思います。基地の負担を抱えさせられているのだから、その代償を得るのは「当然の権利」だという地元の認識を否定することはできません。基地負担の見返りは、財政に苦しむ自治体にとっては魅力的な財源であることに間違いはありません。防衛省の「民生安定」という意図と、地元のまちづくりのニーズが同床異夢のかたちで共存しているのが実情と言えます。

しかしあえて付言すれば、基地の負担を受け入れる自治体側の要望に沿うかたちで使い勝手がよくなった交付金や補助金の有り様は一見、地元に寄り添う「民主的」な経緯で進化を遂げたようにも映りますが、じつはそうではありません。国策に逆らわないことを前提とする「あきらめ」を地元に浸透させるのに有為と判断したがゆえに、防衛施設庁はすすんで自治体の要望を採り入れてきたのだと思います。

自治体側は、こうしたカネで本来の自治の発展や住民の真の幸福につながるのか、と絶えず自問しなければ、「麻薬」を手放せなくなることに十分留意すべきだと思います。

だれのための「恩恵」なのか、と問うことです。

カルダーは「防衛施設庁が一定の成功を収めてきたことは、解放という意図を持った占領政策を隅々まで行き届くように慎重に練りあげれば、その結果として残った制度が基地政治を安定させ、末端で資源が移動するようなしくみができて、基地政治が占領終結後も長続きする証左だろう」と分析しています。

なんだか憎々しいほど冷静かつ的確に、「基地行政の現場」を捉えているように私には感じられます。

第3章 平和憲法を抱きしめて

安保関連法案反対を訴える人たちで埋め尽くされた国会前（2015年8月30日、東京都千代田区）［朝日］

「基地政策」のメンタリティー

農林省から一九六二年に当時の調達庁に出向した根本武夫氏は沖縄の本土復帰直前、防衛施設庁長官の特命で、沖縄の米軍基地の現況を調査する調査団の団長を任されました。そのときの感想を『防衛施設庁史』でこう語っています。

「地主会の方々からの話を聞いたり、米軍基地の圧倒的な存在を目の当たりにして、『復帰』とは言ってはいても、日本政府が沖縄の米軍基地の実情について知り得ていることは皆無と言っていい程度だと実感しました。何しろ通常の五万分の一の地形図すらなかったのですから。借料をいくら払っているのか、という基本的な問題についても同様でした。沖縄復帰後、米軍時代の借料が一挙に一〇倍になったのはその証拠です」

その後、一九七八年から八〇年までの間、那覇防衛施設局長を務めた根本氏は「那覇局の一番の問題点は、米軍による事故です。何時起こるかわからないのに加えて、その態様も万別でありますので、事前の準備ができないことです」と振り返っています。

根本氏の赴任時期とは重なっていませんが、この感覚は、『沖縄タイムス』で記者をしていた私にも共感できます。今の沖縄の住民や行政、警察関係者も同様の認識だと思います。

沖縄で頻発する米軍基地から派生するトラブルは多岐にわたりますが、たいていは地元の納得のいく解決が図られないのが、住民の不満を増大させる最大の要因です。

たとえば沖縄では、米軍演習場に隣接する民間地への実弾の被弾といった、日本本土ではちょっと考えられない事件もちょくちょく発生します。沖縄県警が捜査に乗り出しますが、容疑者を特定して立件するには至りません。米軍が捜査に協力しない、と「捜査の壁」を口にする県警捜査員の声を何度も聞きましたが、「公務中」に起きた事件事故は、そもそも日本側に第一次裁判権がない、ということが日米地位協定で決まっています。

二〇〇四年の沖縄国際大学への米軍ヘリ墜落事故のときは、現場で放射性物質の飛散のリスクもあり、全身を覆う防護服姿の米軍人の姿も見られました。が、県警は基地外であるにもかかわらず現場検証すらできませんでした。

米兵による女性への性犯罪は、住民感情を著しく刺激し社会的反響をよび起こします。犯人が基地内に逃げ込んだときや出国すれば立証の困難さも伴い、被害者の心理的負担が幾重にも増大します。私が『沖縄タイムス』で沖縄県警の担当記者をしていた二年の間にも、米軍関係者による性犯罪は数件立件されました。しかし、その何倍も「事件」は発生しており、被害者が告訴に至らず立件化できないケースがあることを捜査員から聞いていました。報道する立場の人間として、米軍関係者の性犯罪を記事化するときには怒りよりも、やりきれなさを抱えることのほうが多かったように思います。

米軍の犯罪を糾弾し、世論をあおっているのは沖縄の地元紙ではないか、と受け止めておられる人もいるでしょう。しかし、実際の報道現場では『沖縄タイムス』『琉球新報』ともに、警察からも被害者からも地域からも多くの情報が入るがゆえに、とくに米軍の性犯罪に際しては被害者の人権を守ることを最優先し、事件発生現場や被害者に関する表記などにその都度、細心の注意を払っています。そのことは強調しておきたいと思います。

作家の大城立裕氏が芥川賞を受賞した小説『カクテル・パーティー』は、アメリカ人宅のカクテル・パーティーに招かれ、参加していた主人公の沖縄の男性が、同じ時間帯に娘が米兵に強姦されていたことを知り、勝てる見込みのないことを承知で告訴に踏み出す内面を精緻に描いたストーリーです。日本に「復帰」する前の米軍統治下の沖縄が舞台ですが、米軍支配下での「国際親善」の仮面に主人公が気づくあたりから、心理描写は鬼気迫るものがあります。

沖縄が日本に「復帰」した後も、米軍や日米安保が絡むと、日本という国家の背後にアメリカという超国家が屹立する構図が浮かびます。住民や自治体が米軍基地から派生する問題に異議申し立てをするには、実質的にこの二重の壁を相手にしなければなりません。

日米間のさまざまな取り決めを議論する非公開の日米合同委員会に出席するのは外務・防衛省の幹部エリートです。特権に守られた米軍が住民感情を逆なでする行為を繰り返し、その都度、表に出て世論や住民をとりなすのは地元の防衛局職員の仕事です。

私が日々接してきた沖縄防衛局という政府の地方機関で働く人たちは、ごく一握りの幹部以外は「官僚」というよりは「職員」とよぶのがふさわしい人たちです。沖縄タイムス記者時代につきあった彼らとは、仕事の上では融通の利かない対応に立腹しながらも、東京の本庁の指示や許可がなければ、ほとんど自分の意思では動けない彼らに同情や悲哀を覚えることもありました。一方で、伏せる必要のない情報を独自の裁量で提供してくれたり、政府や米軍の対応への私憤を示したり、といった人間味のある職員に親しみや共感を覚えることもまれにありました(二〇一四年一二月の特定秘密保護法施行後は、こうした例外もほぼ皆無になったと聞いています)。

しかし防衛局の業務は、自治への介入や地域社会の分断という、看過できない側面があります。米軍基地は周辺住民の多くにとっては「負担」ですから、放っておけば反対する人が増えます。それをいかにして防ぎ、協力あるいは黙認する人を増やして手なづけるか、という「懐柔のスキル」が不可欠なのです。

先述しましたが、守屋武昌防衛事務次官の「勅命」で那覇防衛施設局長に抜擢された佐藤勉氏は、新たな普天間移設計画の受け入れをめぐって経済界や自治体、地元区などのてこ入れに奔走しました。仲井真弘多氏と糸数慶子氏の事実上の一騎打ちとなった二〇〇六年の沖縄県知事選では、政権中枢の意向を受け、佐藤氏は仲井真支援を要請するため県内約一〇社の企業回りまでおこなっています。

佐藤氏だけではありません。

二〇一一年二月の宜野湾市長選に向け、沖縄防衛局の真部朗局長が、親族に有権者をもつ職員や同市在住の職員を対象に投票をよびかける「講和」を庁内で開いていたことも判明しました。普天間飛行場を抱える宜野湾市の市長選でだれが当選するかは、国の基地政策を進めるうえで一大事なのです。

こうした行為はたまたま表面化したに過ぎず、沖縄では「通常業務」としておこなわれてきた意識の延長と捉えられます。

普天間飛行場の代替施設受け入れの賛否を問う一九九七年の名護市民投票では、那覇防衛施設局は現地事務所を構え、職員のローラー作戦で賛成を促す戸別訪問を展開しました。

一九九八年の知事選では、自民党の小渕内閣で官房副長官を務めた鈴木宗男衆議院議員が、自公候補の稲嶺恵一陣営に官房機密費三億円がわたった、とのちに証言しています。これは国家ぐるみの自治の破壊につながる行為といえます。

「アメとムチ」を駆使して在日米軍基地の安定運用に知恵を絞る一方、基地返還が実現すれば、「負担軽減」の成果として胸を張る。在日米軍にかかわる日本の安全保障政策にはこうした矛盾もつきまといます。

このねじれた感覚を、防衛庁・防衛施設庁の職員たちはどうやって整理してきたのでしょうか。彼らだって日本政府の役人です。日米同盟の安定に寄与することが国益にかなうと信じているのだとしても、在日米軍の駐留が本来の独立国家としていびつであることは、彼らが最もリアルに認識しているはずです。米軍の駐留を助けるために日本の住民を懐柔することに、本質的な矛盾を感じないのでしょうか。米軍基地が過度に集中する沖縄の現状に接し、屈辱を感じることはないのでしょうか。

二〇一一年一一月、那覇市内の居酒屋での記者懇親会で、辺野古の新基地建設に向けた環境影響評価書の沖縄県への提出時期に関して沖縄の記者から問われた沖縄防衛局の田中聡局長が、「これから犯す前に、犯しますよ、と言いますか」と発言しました。このことが地元紙に大きく報じられた後、全国メディアにも流されて世論の批判を浴び、田中局長は更迭されました。

発言が「非常識」「不適切」なのは言うまでもないですが、私がずっと引っ掛かっていたのは、局長の露悪的な態度の表明の裏には何があるのか、ということでした。

普段つきあっている顔なじみの記者たちを相手にしたオフレコの酒の席であるという、気のゆるみがあったのは間違いないでしょう。それでも、こうした表現を隠喩に用いるのは、この局長の個人的な思考や品位に由来するものとしか当初は受け止められませんでした。

しかし報道から数日後、知り合いの在京メディアの記者から「報道されないだけで、似たようなニュアンスの発言は、東京の防衛官僚たちもしょっちゅう酒席でこぼしているよ」と聞き驚きました。

防衛官僚の沖縄に対する本音の下劣さを批判するのはたやすいのですが、時間の経過とともに私はこう考えるようになりました。この人たちは、心のどこかで自分たちは（沖縄の人びとを）蹂躙しているという罪悪感を抱えているのではないのか。そうでなければ、こうした言葉は出てこないのではないか、と。

「罪悪感」を自覚するまでには至らないとしても、自分たちはどうせ嫌われ者、汚れ役なのだという諦念、あるいは開き直りかもしれません。非常にゆがんだかたちであるのは間違いないのですが、とにかく、気心の知れた「身内」にそうした心情を吐露することで、われわれの苦労や悲哀を理解してほしい、味方になってほしいという心理が働いているのではないか、という気がしました。狡猾な計算なのか、心のバランスを図ろうとする弱さや甘えに由来するのかはわかりません。いずれにせよ、やましさの裏返しなのではないか、と思うようになりました。

戦場からの帰国後、重度のPTSD（心的外傷後ストレス障害）を患う元兵士と家族の苦悩を追ったデイヴィッド・フィンケル著『帰還兵はなぜ自殺するのか』（亜紀書房）には、イラク戦争に派遣され、「最初に出くわした民間人の顔を殴りつけ、次にその民間人を階段から突き落とした」という米軍兵が帰国後、妻に「自分がモンスターのような気がする」と吐露する場面が出てきます。この兵士はイラクでの任務で夜中に民家を強襲し、女性や赤ん坊、老人の眠る部屋を荒らしたうえ、男を階下に突き落とします。外に出ると、上官の中尉がこう言いました。

「ここはターゲットのファッキンな家なんかじゃなかった」

アメリカはアフガニスタンとイラクでの戦争で、戦死者よりも帰国後に自殺する元兵士の数が上回っている、との推計もあります。「帰還兵はなぜ自殺するのか」は国全体で抱える社会問題に対する問いです。同書の中で「終わりのない罪悪感」という一つの理由が提示されているのが印象的でした。

残虐な殺人が日常的に繰り返される戦場と、日本の安全保障政策の現場を迂闊に重ねるわけにはいきませんが、「罪悪感」が「心の疵」を生む構図は人間に共通する心理だと思います。

沖縄の記者に向かって、「犯す前に……」と発言したのは、後ろ暗さをかき消すために自身を鼓舞する行為なのだとしたら、田中局長には潜在的にせよ、良心の呵責があった、ということです。そう考えると、官僚としては脇が甘かったと言えるでしょうが、人間としてはまだ救いがあるのではないでしょうか。

むしろ田中局長を更迭した防衛省という組織には、そうした「感情」が入り込む余地はないと思います。更迭の本音の理由は発言内容そのものではなく、地元紙記者という「敵」のいる前であることもわきまえず迂闊な発言をしたことが、キャリア官僚としての資質や自覚に欠く、と判断されたのではないでしょうか。

しかし、この局長の発言は、日本人が抱える宿痾を体現したようなものだったのではないでしょうか。基地問題で沖縄の人たちを蹂躙することは、同じ国に属する私たち自身が蹂躙されていることと同義だと捉えることはできないでしょうか。つまり、自分の手で自分の一部を蹂躙しているのです。そのことを潜在的に感じつつ、意識化できない日本人が多すぎるように思います。

奇妙なのは、「領土」へのこだわりや「国家」への帰属意識の強い保守派の人たちに、沖縄に対する感情のねじれや矛盾が顕著にうかがえることです。

最近明るみになった例では、二〇一五年六月二五日に安倍晋三首相に近い自民党議員らが党本部で開いた勉強会「文化芸術懇話会」で、講師として招かれた作家の百田尚樹氏の虚言の数々が端的に示しています。

「沖縄の二つの新聞はつぶさないといけない」という発言のほか、普天間飛行場(沖縄県宜野湾市)に関して「普天間飛行場は田んぼの中にあり、商売のため周囲に人が住みだした」「騒音がうるさい場所を選んで住んだのは誰か」「基地の地主は大金持ち。年収何千万円で六本木ヒルズに住んでいる」といった「自説」を唱えました。

注目したいのは、これらがインターネット上で保守系メディアやいわゆる

「ネット右翼」が流している言説のオンパレードだったことです。

これまで『沖縄タイムス』はネット上のこうした虚言に紙面で逐一反論することはありませんでした。が、百田氏の発言を契機に六月二七日付朝刊で「百田尚樹氏発言の誤り」と題し、「宜野湾市史によると、一九二五年は現在の飛行場に10の字《あざ》があり、九〇七七人が住んでいた」という史実や、「(百田氏の認識は)人々が戦争で追い出され、何もなくなるまでの過程が抜け落ちている」と指摘する市立博物館の担当者のコメントを紹介していました。また、沖縄防衛局が発表したデータから、地主の七五%は年間二〇〇万円未満の軍用地料しか得ていないことなどを縷々提示していました。

貴重な紙面を割いて、反論記事を掲載しなければならないと考えた『沖縄タイムス』の編集局員たちの胸中は、元同僚である私には察するに余りあるものでした。百田氏の言説は、普天間飛行場の一日も早い返還が求められているという問題の本質的な解決には何ら結びつかないばかりか、沖縄に対する本土側の偏見や侮蔑、差別に通じる現実がそのまま凝縮されているからです。沖縄側に非があると信じ込むことで、沖縄に過重な基地負担を負わせる側の当事者であるという罪悪感から逃れたいという幼稚な心理、現実と正面から向き合おうとしない精神の弱さや狡さが反映しているように思います。

沖縄の民意を切り捨て、辺野古への新基地建設を強引に進めることよって、「われわれ」は何を失いつつあるのか。目を背けたり、思考停止したりせずに本質を問わなければなりません。

同じ時代に、同じ価値観を共有する社会に属しながら、大半の日本人は、沖縄を見放している、という自覚もないまま、沖縄を追い込んでいます。日本人が沖縄を見放すことによって、じつは日本人が沖縄の人びとから見放されつつあるのです。

後になって、「なぜこうなったのか」と嘆いても遅いのです。

国民国家という制度や、「領土」という概念は、将来も不変ではあり得ません。人びとの意識や価値観によって変容していくことは歴史が証明しています。

沖縄がもう一度戦場になれば、沖縄の人たちは二度と日本を許さないでしょう。

「土民軍」としての矜持

辺野古での攻防は、海上保安庁などが過剰警備にはしっている面もあり、私たちは政府権力対市民、あるいは沖縄対本土という構図で捉えがちです。しかし、一歩引いて、同じ国の市民どうしが、外国の軍隊の基地をめぐってなぜこのような情景を繰り広げなければならないのか、と考えることも必要ではないでしょうか。じつに異様です。この矛盾にさらされて精神が深く傷ついているのは、われわれ自身なのだということに私は気づきました。

辺野古の新基地建設に反対する市民は、建設予定地近くの米軍キャンプ・シュワブ前にテントを設置しています。このテントの撤去指導や監視業務を担当している内閣府沖縄総合事務局開発建設部は、二〇一五年二月から地元の国道事務所で二四時間の監視を開始しました。この業務について関係労組が「県民・市民との望まぬ対立を強いられる職員の心身に深刻なストレスを与え、実際に心の健康を害した職員も少なくない」などと訴え、四月に監視業務の中止を国に申し入れました。

職員はゲート前で市民に取り囲まれ、罵声を浴びることも少なくありません。現場の職員の大半はウチナーンチュ（沖縄出身者）です。「板挟み状態に疲れ、現場職員三三人のうち三分の一が心療内科を受診。二人は一ヶ月休職すべきだとの診断を受け」（二〇一五年七月一〇日付『沖縄タイムス』）る事態も引き起こしています。

辺野古の海上で連日攻防を繰り広げている海上保安庁職員と市民、陸上のゲート前で対峙している民間警備員や警察官と市民は、いずれも生身の人間として日々、心身ともにすさまじいストレスにさらされています。

この現場に登場してこない当事者こそが、問題の本質に深くかかわり、解決に導く権限を握っているのではないでしょうか。

ヘルメット姿の那覇防衛施設局の職員ともみ合うボーリング調査に反対する市民（2004年4月19日、沖縄県名護市の辺野古漁港）［共同］

こういうふうに言うと、「反米」のレッテルを貼られそうですが、私はアメリカとの関係は重要で、安全保障面でも一定の協力関係は必要と考えています。ただ、沖縄の一つの基地の返還をめぐって首相が辞任に追い込まれたり、抑止力とは何の関係もないアメリカ海兵隊の駐留をめぐって、沖縄と日本本土の関係が根底から崩れるリスクを冒したりするのは馬鹿げていると思うのです。成熟したパートナーシップをうたうのであれば、もう少し柔軟性をもって持続可能な安全保障政策を話し合う関係になるべきだと言いたいのです。

本書の執筆に当たって、久しぶりに元那覇防衛施設局長の佐藤勉氏と連絡を取りました。あらためて防衛施設庁の仕事の意味を問うと、一九七〇年入庁の佐藤氏は「要するに自分たちのやってきたのは外務省の尻ぬぐいですよ。防衛施設庁の仕事は日米安保の土台を支えるための、いわば汚れ仕事。でも、安保体制を縁の下で支えてきたという自負はありますよ」と語ってくれました。佐藤氏の座右の銘は「融通無碍」だったことを思い出しました。

日米安保条約の履行のため、外務省がレールを敷いた行政協定(のちの日米地位協定)の実施機関として、防衛施設庁の職員はまさに「安保の現場」で住民と米軍の間に立ち、ときには住民の「嫌われ者」になることも承知でその役割に徹してきました。その労苦は米軍駐留と日米行政協定の不平等性に由来すると思います。

佐藤氏の話を聞いて、私は毎日新聞記者として北陸総局（石川県金沢市）に勤務した一九九四年当時、原発取材で出会った電力会社社員のことを思い出しました。

能登半島最先端の石川県珠洲市で関西、中部、北陸電力による原発立地計画がありました。過疎にあえぐ珠洲市は原発推進派と反対派に分かれ、住民は互いに疑心暗鬼になり、自由にものも言えない環境に置かれていました。この現場に駐在していた電力会社の中堅社員の一人と、いちど居酒屋で膝を交えて話し合ったことがあります。今の自分の仕事をどう思っているのか、酒の勢いでたずねてみました。私は主に反原発の人たちの取材を担当していましたので、彼は最初警戒していましたが、ポツポツと本音を語ってくれました。

高校卒業後、「社会の役に立ちたい」と思って電力会社に入社。若い頃は電柱に上って修理すると、近所の人が「ごくろうさん」とお茶を出してもてなしてくれたこともあったそうです。ところが今は、プレハブ造りの現地対策本部に詰め、反対派の人びとの家を来る日も来る日も戸別訪問して回り、翻意を促すのが仕事です。罵声を浴びることもある。おまけに福井県内の自宅に家族を残して単身赴任の身。確かにつらい。それでも自分の仕事には誇りを持っている、と語ってくれました。

珠洲原発は、計画が浮上した七五年から二八年目の二〇〇三年一二月、「電力自由化による厳しい経営環境」を理由に、電力会社が計画凍結を発表しました。

言うまでもないですが、もちろん、職業に貴賤はありません。立場や考え方は違っても、公務員であろうと、民間の社員であろうと、自分の仕事に誇りをもち、真剣に取り組んでいる人に私は共感します。このときもそうでした。

すべての住民に歓迎される国策というのはないのかもしれません。しかし、権力の中枢に近い人たちが決めた国策が、不条理なゆがんだものであればあるほど、現場の摩擦は大きくなります。現場の尖兵として、住民どうしの亀裂を生み、対立をあおる任を負うのは、国策を推進する側の組織の中でも立場の弱い末端の者たちであるという構図が浮かびます。

防衛施設庁は、二〇〇六年一月に表面化した空調設備工事の発注をめぐる競売入札妨害事件に絡む一連の不祥事で「解体」が決まります。事件を通じて、防衛施設庁が二〇年以上前から民間業者に天下りを受け入れさせる見返りに不正な受注調整がおこなわれていたことや、事件後の内部調査に際して施設庁内で組織的に証拠隠滅が図られていたことも発覚しました。

不正の根の深さから、「再生不能」と判断されたのです。

二〇〇七年一月に防衛庁が「省」に昇格した後、防衛施設庁は同年九月に防衛省に吸収統合されました。旧防衛施設庁に在籍した職員の中には、「省昇格のために施設庁が召し上げられた」という見方をする人もいます。

この廃止・統合に当たって防衛施設庁は、歴代の長官、次長経験者らに意見を求めたようです。『防衛施設庁史』が「貴重な意見」として紹介した一つに以下の内容があります。

「防衛施設行政を担当する防衛施設庁を『外局』として設置してきたのは先人の知恵である。防衛施設庁という『外局』が、これまで自衛隊施設及び米軍施設に係る各種の業務を一元的に実施してきたメリットを踏まえた組織改編とすべきである」

「先人の知恵」とは具体的にどういう知恵で、「メリット」とは具体的にどういうメリットなのでしょうか。

安全保障政策にかかわる職務のうち、「汚れ仕事」のパーツを引き受ける「外局」として防衛施設庁を防衛庁とは別部隊に切り離した「先人の知恵」によって、日米同盟をはじめとする防衛政策に対する国民の信頼を維持できたという「メリット」を忘れてくれるなよ、という思いが込められているのではないでしょうか。

『防衛施設庁史』の編さん後記で、編集にかかわった職員のうちの一人の文章に目が留まりました。「施設庁の廃止、『内局』への統合が現実味を帯びてくるにつれ、施設庁に思い入れのある先輩職員などからは、『〈土民軍〉の仕事を内局にできるのか』などという声も聞かれました」という下りです。

自分たちが携わった仕事を「土民軍」と称し、そのことに自負と誇りをもっている。こういう言葉を聞くと、やりきれない思いになります。

日米安保条約でも、普天間返還問題でも、官僚や政治家による対米交渉の内幕をつづった本や、当事者の回顧録も数多く出版されています。大所高所から政策過程を検証する意義を否定する気はありません。しかし、国民どうし、住民どうしの感情と感情がぶつかり合う本当の修羅場は、たいてい政府間合意の後に、現場の地方で起きているのだということは強く訴えておきたいと思います。矛盾と不条理をはらんだ政策の尻ぬぐいは、地元の住民と末端の役人が負うことになるのです。

もてなしの極限

いよいよ本書の「問い」に迫ります。

日本はなぜ米軍をもてなすようになったのか。それは明白です。戦争に負けたからです。

ではなぜ、日本は米軍をもてなし続けているのでしょうか。

「日本人が平和憲法を失いたくなかったから」だと私は思います。

以下に憲法第九条を挙げます。

一　日本国民は、正義と秩序を基調とする国際平和を誠実に希求し、国権の発動たる戦争と、武力による威嚇または武力の行使は、国際紛争を解決する手段としては、永久にこれを放棄する。
二　前項の目的を達するため、陸海空軍その他の戦力は、これを保持しない。国の交戦権は、これを認めない。

政府は「外国からの武力攻撃によって国民の生命や身体が危険にさらされる場合にこれを排除するために必要最小限度の実力を行使することまでも禁じていない」という解釈によって、自衛のための「必要最小限度」の自衛隊は、「陸海空軍その他の戦力」には当たらない、と判断してきました。

九条をもちながら自衛隊を認めることも牽強付会な憲法解釈と言えますが、九条があるからこそ、かろうじて日本の軍事行動はこれまで「専守防衛」の看板をおろさずに維持できたのだとも言えると思います。

アメリカの占領終結後、早い段階で憲法九条が「実態に合わせて」改正され、日本が「普通の国」になっていれば、在日米軍は撤退し、重武装した「国防軍」が日本防衛を担う国になっていた可能性もあります。

政権を担ってきた自民党は結党以来、「憲法改正」を党是に掲げてきました。アメリカも、日本が忠実な同盟国として信頼に足ると判断できる限り、九条改定を制止することはしなかったでしょう。しかし、歴代の為政者は憲法改正に手をつけませんでした。改正できる見込みが立たなかったのです。国民が平和憲法を失いたくない、と考えたからです。

今後はどうでしょう。

ケント・カルダーは、日本の駐留経費負担の消長が在日米軍の駐留と密接につながると予見しています。

「万一アメリカが日本を去るとすれば、それは日本が『明かりを消す』からだろうというアナリストもいる。正面きって撤退を求めるのではなく、支援を打ち切るという意味である。この分析には真実味がある。日本の戦略が変わり、その結果もっと広範な(高くつく)国外の安全保障活動が増え、いまの日米間の戦略の一致が崩れれば、明かりを消す要因が増える。日米の戦略の一致は、防衛力拡大のための予算を確保することを求める圧力がないことで、強固になっている。予算確保がもっと強く求められれば、在日米軍と自衛隊は、その予算をめぐる競争相手になる。きわめて原始的で荒々しい競争関係になるだろう」（『米軍再編の政治学』）
アメリカ政府の思考はシンプルです。アメリカの国益にとってプラスかマイナスか、という冷徹な判断がすべてだと思います。在日米軍の駐留に関しても、「カネの切れ目が縁の切れ目」になる可能性は十分ある、とカルダーは見ているようです。

日本は在日米軍の駐留経費負担だけでなく、集団的自衛権の行使容認に踏み込み、カネと人の両面で、アメリカに忠誠を示そうとしています。集団的自衛権の行使容認で日本の負担は確実に増大しますが、アメリカが失うものは何もありません。アメリカが日本に示す期待と、日本がアメリカに寄せる信頼は、果たして等価と言えるでしょうか。

日米の主従バランスが崩れるきっかけが、自衛隊の国外での活動の増大と防衛予算の拡大であるとすれば、その潮流はすでに現れています。

自衛隊の国外での活動は近年、リスクと頻度を高めています。二〇〇四年から〇六年にかけてイラク南部サマワで陸上自衛隊が実施した人道復興支援活動の内部報告書では、派遣部隊の責任者が「純然たる軍事作戦」と指摘しています。さらに、〇七年一月の防衛省発足に伴い、自衛隊の海外活動が「付随的任務」から「本来任務」に格上げされました。これ以降、自衛隊は海外での活動準備態勢を一層強化し、人材確保や育成にも努めています。

二〇一五年四月、ワシントンで集団的自衛権の行使容認に向けた取り組みをアピールした安倍首相は、こう演説しました。

「私の外交安全保障政策はアベノミクスと表裏一体だ。デフレから脱却して経済を成長させる。社会保障の基盤を強くする。当然、防衛費をしっかり増やしていくことになる」

安倍政権の下、二〇一五年度の防衛関連予算は、一般会計で四兆九八〇一億円と過去最高を更新しました。ちなみに防衛省の一六年度予算の概算要求は、過去最高の五兆九一一億円、要求増は四年連続です。

防衛省はアメリカが開発した垂直離着陸輸送機オスプレイ一七機を陸上自衛隊に導入する計画を立て、二〇一五年度予算に五機分として計五一六億円を計上しました。日本はアメリカにとって最初のオスプレイの輸出国になります。

私が見る限り、日本のアメリカに対する「もてなし度」あるいは「従属度」は、安倍政権の集団的自衛権の行使容認によって極限に達しようとしています。

沖縄では民意の反対を押し切って海兵隊の新基地を造り、日米地位協定の特権で在日米軍人を保護し続け、在日米軍駐留にともなう巨額の経費負担を継続し、なおかつアメリカの兵器を買い上げる世界屈指のお得意さまである自衛隊は、世界規模で米軍を支えるため血と汗を流そうとしています。

それでもなお、日本政府は米軍をもてなすのでしょうか。

答えは「イエス」です。

日本が在日米軍の撤退を求めるには、自衛隊単独で日本防衛をおこなうことが必須です。そのためには、中国との間で劇的な関係改善が図られなければ安心できないと考える人が多数を占めると思いますが、現在のところ、その可能性は低いと言わざるを得ません。

超大国化する中国は今後ますます軍事、経済分野で拡大路線を図るでしょう。日本はそうした中国の動向を快く見ていません。

アメリカはすべてお見通しで、日本の足もとを見て、今後もさまざまな要求を突きつけてくるに違いありません。

日本はどう対応すべきなのでしょうか。

日本は専制主義国家ではありません。民主主義国家です。である以上、国民が容認し続けなければ、こうした態勢は長続きしないはずです。

日本人は今後も米軍をもてなし続けるのか、と問うべきでしょう。

答えは「国民次第」です。

日本人はどう考えているのでしょうか。端的に浮かぶ調査結果があります。

内閣府が二〇一五年一月に実施した「自衛隊・防衛問題に関する世論調査」で、「日本の安全を守るためにはどのような方法をとるべきか」との質問に対する回答は以下の順でした。

「現状どおり日米の安全保障体制と自衛隊で日本の安全を守る」八四・六％（三年前は八一・三％）
「日米安全保障条約をやめて、自衛隊だけで日本の安全を守る」六・六％（同七・八％）
「日米安全保障条約をやめて、自衛隊も縮小または廃止する」が二・六％（同二・二％）

日米安保体制というのは、「米軍（核の傘を含む）と自衛隊による国防体制」と置き換えてもいいと思います。これを「現状維持」とする世論がなんと八割以上を占めています。

自衛隊についての設問と回答結果を以下に挙げます。

「自衛隊は増強したほうがよいか、今の程度でよいか、縮小したほうがよいか」という質問に対する回答です。

「今の程度でよい」五九・二％（三年前は六〇・〇％）
「増強した方がよい」二九・九％（同二四・八％）
「縮小した方がよい」四・六％（同六・二％）

これも、「現状維持」が最も多く約六割を占めています。一方、「増強」は三割にとどまったものの増加傾向にあります。国民は今後も、自衛隊が現状規模で米軍とともに防衛体制を維持することを希望しつつ、自衛隊増強を許容する傾向も浮かびます。

現状では、日本人は米軍を手放すつもりはないようです。ただ、安倍政権の安全保障政策によって、米軍と自衛隊、世論（民意）という、この三者のトライアングルのバランスは崩れる可能性が出ているように思います。「変数」として作用するのは、中国との関係です。

近年、政府が防衛予算の増大や安全保障政策の推進を図るに当たって、世論の同意を得るのは容易になっています。その都度、「中国の脅威」を持ち出せばいいからです。

中国の脅威をあおる素材には事欠きません。東シナ海のガス油田開発の動向や、尖閣諸島周辺に派遣する中国公船の拠点となる中国・浙江省の中国海警局の大型基地建設計画、南沙諸島海域の埋め立て、沖縄からの航空自衛隊の緊急発進（スクランブル）回数の増加、不透明かつ増大する中国の軍事予算……。

これらの情報を折に触れて発信しておけば、世論やマスコミに「防衛意識」を高めさせる効果はてきめんです。沖縄の離島への展開など自衛隊の「南西シフト」、専守防衛を逸脱するとの見方もある日米の「離島奪還訓練」や日本版海兵隊の養成などの防衛政策を批判的に論じるメディアも、いまでは沖縄のメディアを除けばほとんどありません。

国外任務の増加も相まって、自衛隊はますます増強し、憲法九条がさらに形骸化していく事態が予想されます。自衛隊が増強を図れば図るほど、中国との間で軍拡競争(安保のジレンマ)が生じ、予算支出は増大の一途をたどります。

少子高齢化で低成長が続く日本で財政悪化が顕在化すると、在日米軍の駐留経費負担もままならなくなり、カルダーが指摘する日本側が「明かりを消す」方向へシフトしていく可能性が現実味を帯びてきます。

米軍から自衛隊への肩代わりは沖縄で兆候が出ています。

二〇〇六年五月に日米両政府が合意した「再編実施のための日米のロードマップ」(米軍再編最終報告)で、沖縄のキャンプ・ハンセン、嘉手納基地という二つの米軍施設について、自衛隊との共同使用化が盛り込まれました。最終報告には、「キャンプ・ハンセンは、陸上自衛隊の訓練に使用される」「航空自衛隊は、地元への騒音の影響を考慮しつつ、米軍との共同訓練のために嘉手納飛行場を使用する」とそれぞれ明記されています。

これにともない、辺野古の新基地建設予定地に近い、沖縄本島北部の海兵隊演習場「キャンプ・ハンセン」では二〇〇七年以降、陸上自衛隊による共同使用が始まりました。陸自の訓練使用日数は、〇七年度が二日（一回）、〇八年度が二一日（六回）、〇九年度が二四日（八回）、一〇年度が二三日（八回）、一一年度が三六日（一四回）、一二年度が六九日（二四回）、一三年度が一〇三日（三六回）と年を追うごとに増加の幅が膨らみ、一三年度末までに計二七八日間（九七回）に上っています。

また、沖縄県内の米軍基地では、自衛隊の「研修」名目の訓練も増加していきます。二〇一一年度～一三年度まで三年連続で年間三〇回を超えています。内訳は、一三年度が計三六回（空自二四回、陸自一一回、海自一回）、一二年度は計三八回（空自二八回、陸自九回、海自一回）、一一年度は計三三回（空自二七回、陸自五回、海自一回）となっています。空自は嘉手納基地の使用が主です。陸自はキャンプ・ハンセンやブルービーチといった沖縄の海兵隊施設で、海兵隊の指導を受けて「水陸両用作戦」などを実施しています。

防衛省は「研修」について、「米軍施設・区域の使用は一時的なもので、必要に応じて実施される『実習』の形態は、日米共同での部隊行動ではなく、隊員個人の知識および技能を向上させるためのもので、アメリカ側が施設・区域への立ち入りを認めた上でおこなわれた」と説明。日米地位協定の三条（米軍の基地管理権）に基づき、米軍の許可を得て実施した、との見解を示しています。つまり、「一時的」な施設利用や、「隊員個人」のスキルアップという位置づけを強調し、日米地位協定二条四項ａに基づく「共同使用」とは法的根拠は異なる、と解釈しているようです。

いずれにせよ、二〇〇六年のロードマップ合意の実質的な履行が着実に進んでいることをうかがわせます。

さらに、二〇〇六年のロードマップ合意では、沖縄の海兵隊員八〇〇〇人（のちに九〇〇〇人に増員）をグアムに移転することも盛り込まれました。

これらのことは何を指すのでしょうか。アメリカの海兵隊に代わって、陸上自衛隊が沖縄の海兵隊施設をスライドして使えるよう準備を整えているのではないでしょうか。

アメリカ海兵隊に供するとされている辺野古の新基地も、自衛隊との共同使用が検討されているのです。これは民主党政権時代に提起されたものです。

二〇一〇年五月の日米安全保障協議委員会（2プラス2）の共同発表に、共同使用に関する以下の合意が盛り込まれました。

「両政府は二国間のより緊密な運用調整、相互運用性の改善および地元とのより強固な関係に寄与するような米軍と自衛隊との間の施設の共同使用を拡大する機会を検討する意図を有する」

この背景について、当時防衛相だった民主党の北沢俊美氏は、「制服組」(自衛隊側)からの要望があったことを一四年九月の私たち「沖縄タイムス取材班」に明らかにしました。「制服組から、(米軍施設の)日米共同管理、共同使用がもう少し進んだほうがいいとの話を内々に聞いた」と北沢氏は当時を振り返りました。運用効率の向上につながることから、自衛隊側には米軍施設へのアクセスを強化したい意向があったと言います。

一方、当時の北沢氏には別の思惑がありました。沖縄の軍事施設のほとんどは「米軍専用施設」です。こうした中で、普天間飛行場を名護市辺野古に移す場合、「日本側が管理すれば騒音などの被害を(周辺住民が)訴えやすくなり、沖縄県民の理解と信頼を得る手段にもなる」と考えたのです。ほかの米軍施設も日本側の管理になれば、沖縄の基地負担を象徴する「在日米軍専用施設の七四%が集中する」

というフレーズも使われなくなります。

それで二〇一〇年五月の2プラス2合意に基づき、日米政府は同年一二月、実務者級の作業部会を設置し、沖縄県内外の米軍基地の共同使用・管理の拡充に向けた検討を始めました。北沢氏の肝いりで設置された作業部会は、主に沖縄の米軍基地、とりわけ辺野古の普天間代替施設の共同使用化を念頭に設置されました。日米地位協定の二条四項aに基づく自衛隊の一時使用にとどまらず、日本側が基地管理権を行使できるようにする二条四項bの適用に向けた検討を進める考えだったと言います。

二〇一一年一一月の参議院予算委員会で北沢氏の後任の一川保夫防衛相は、「(辺野古の普天間代替施設も含めて)沖縄県内の米軍施設で自衛隊との共同使用がどの程度可能か検討している」と明言しました。さらに、同日の記者会見でも、「(共同使用する)場所や施設によって県民の理解が得やすいケースも当然出てくる」と期待感を示しました。

自民党に政権交代後、この作業部会はどうなっているのか問い合わせてみました。

防衛省によると、課長級の作業部会は「定期的ではないが開催している」が、「事務レベルなので頻度や検討状況は公表しない」とのことでした。また、「特定の施設に限定して検討しているわけではないが、辺野古に建設中の新基地も対象に含まれる」（二〇一四年一〇月一日付『沖縄タイムス』）ことを明らかにしました。

こうした動きは、在日米軍の削減あるいは撤退後を見据え、自衛隊が米軍基地をスライドして管理することで、「国防」の前面に出ようとしている準備とも捉えられるのではないでしょうか。問題はそのとき、日本の安全は高まるのか、ということです。

日本の「米軍もてなし」が終焉を迎えるときが来るとすれば、それは何を日本にもたらすのでしょうか。

自衛隊の実質的な「国防軍」化ではないでしょうか。これは、自民党の憲法草案の既成事実化と言い換えてもよいと思います。

そうなればおそらく、中国との軍拡競争がヒートアップし、増大する防衛予算が財政を圧迫していることでしょう。経済が悪化する中、軍事と外交のバランスが崩れ、軍事に依存する傾向が強まれば紛争の危機は高まります。そのとき、アメリカの指揮の下とはいえ、海外で「軍隊」としての実戦経験を積んだ自衛隊によって「軍事の砦」とされた沖縄は、かつての沖縄戦前夜のような状況に置かれているのではないでしょうか。

安倍政権の政策は、アメリカ従属下で自衛隊を鍛え、国防軍に脱皮する機会をうかがう、というものだと思われます。アメリカに安全保障政策のすべてを託し、独自の軍事戦略に基づいて「軍隊」を扱った経験のない、扱うことを許されなかった国が何かの弾みで、世界有数の装備を誇る「我が軍」をいきなりフリーハンドで指揮することになり、鼻息の荒い隣の大国とさしで向き合う状況ほど危ういことはありません。

米軍への「もてなし度」「従属度」が極限化を迎えつつある現段階で、何とか状況の転換を図る必要があります。

それには、平和憲法を守る民意の支えが不可欠です。自衛隊が歯止めなく膨張するのを抑制し、安全保障法制の運用にブレーキをかけるのも、憲法九条のさらなる形骸化を許さない全国の民意がかなめです。

主権者である国民の力で、過度な対米従属からの脱皮を図りつつ、「専守防衛」

を逸脱する自衛隊の増強を避け、中国との軍拡競争という負のスパイラルに陥るのを避ける、バランスの維持が肝要です。政府が繰り返す軍事の「抑止力」の論理には、軍拡競争という致命的な欠陥があることに、世論やメディアはもっと留意すべきだと思います。抑止力は特効薬でも万能薬でもありません。抑止力を高めるための「軍拡」は緊張を高め、問題の根本解決には何らつながりません。抑止力の論理に代わる、真の戦争抑止につながる外交政策こそが今は強く求められているのです。

では、沖縄の米軍基地は現状維持でいいのか、と受け取られるかもしれません。これについては後述させていただきます。

世論の深層

日本国民は米軍をもてなすことに違和も抵抗も感じなくなっているのではないか——。

私は二〇一二年四月に思想家の内田樹氏にインタビューした際、この疑問をぶつけてみました。すると、そんなことわかり切っているじゃないかと言わんばかりに、テンポ良く以下の答えが返ってきました。

「一番簡単なのは、『外国人になったつもりで』沖縄問題や基地問題を観察してみることです。そうすれば、『ああ、日本は敗戦国だから、戦後ずっとその負債を払わされ続けているんだな』ということはすぐ分かる。日本人が自力でそれらの問題を解決できないのは、事実上アメリカが日本を支配しているからだということは誰にでも分かる。それさえ分かれば、沖縄の基地問題は『もう六七年にわたって債務を払い続けているんですから、負債も完済したということで勘弁して下さいよ。それでもまだ足りないとおっしゃるなら、いったいいつまで、どれほどをお支払いしたら気が済むのか、それをはっきり言って下さい』という具体的な交渉になるはずなんです。でも、それができない。できないのは『戦勝国に国土の一部を不当に占領されている』という事実そのものを日本人が認めていないからです。あたかも日本政府が外交的なフリーハンドを持っていて、『沖縄に基地があった方が日本の安全保障上有益である』と主体的に判断して、アメリカと合議した上で今あるような状態を『選択した』かのようにふるまっている。『意識することが不快な事実』からそうやって目をそむけている限り、『意識することが不快な事実』は解決することも消失することもない。そういうことです」(『この国はどこで間違えたのか――沖縄と福島から見えた日本』徳間書店所収)

確かにそうだよな、と思いました。

本土から遠く離れた沖縄に米軍基地を押し込めているから、日本本土の住民は一部の基地周辺住民を除き、負担を感じなくなったとも言われます。確かにそれも事実だと思います。しかし実際には、首都圏の各地にも米軍基地は配置されています。首都圏上空の管制権は米軍が握っています。東京の横田基地にはオスプレイ配備も決まっています。米軍による事件事故は沖縄のように頻繁ではないにしろ、日本各地、首都圏でも起きています。

でも、大半の日本人は気にしていません。

その理由はやはり、「『戦勝国に国土の一部を不当に占領されている』という事実そのものを日本人が認めていないから」なのでしょう。ですから、「『意識することが不快な事実』からそうやって目をそむけている限り、『意識することが不快な事実』は解決することも消失することもない」のです。

本質から目をそらせるしくみが、政府によって巧みに構築されてきた面もあります。先にも挙げたように米軍基地の局所化、沖縄への集約化も一つです。自衛隊に基地の管理権を移すことによる「不可視化」も挙げられます。ほかに、本書で取り上げてきた旧防衛施設庁のような市民と米軍の間の緩衝剤となる調停的な政府機関の存在、これを支える日米地位協定と密約的な日米合意を含む安保法体系、こうした安保体制に忠誠を誓う外務・防衛官僚の論理、権力に吸い寄せられる大手メディアや学識経験者、経済界……これらが渾然一体となって、ひたすらアメリカによる「安全神話」を築いてきました。とにかくアメリカに追従していればうまくいくんだから、追い出すなんてとんでもない、という「神話」です。

しかし、世論の地殻変動も感じられます。

安全保障関連法案をめぐる衆議院採決前の二〇一五年六~七月にかけての全国紙、通信社の世論調査結果を以下に並べます。

朝日新聞は「賛成」二六%、「反対」五六%、毎日新聞は「賛成」二九%、「反対」五八%、共同通信でも「賛成」二七・八%、「反対」五八・七%、法律の整備への賛否を問う形式にした読売新聞でも「賛成」三六％、「反対」五〇％でした。

一部のマスコミが政権に迎合する報道に終始しても、世論のバランス感覚が働いている証拠だと思います。同法案の議論を通じて、立憲主義の大切さや安全保障政策がいかに国民の生命や暮らしに直結する問題であるかが、世論に浸透しつつあるようにも思います。

集団的自衛権の行使容認の道を開くことは、日本の安全保障政策の大きなターニングポイントになるのは間違いありません。

法案の国会審議が始まると、さすがにこのままではまずい、と国会前や各地の街頭でデモをする人たちも増えてきました。さまざまなグループや個人が違憲性の高い安保法制の成立に反対を表明し、立憲主義の崩壊を止めようと立ち上がっています。戦争経験のない世代が主に担う、こうした市民レベルの新たな動きが、政治の劣化とは対照的に、成熟した民主主義社会の構築という「希望」を浮かび上がらせてくれているように思います。

アメリカ政府にとっては、「アメリカに見捨てられる恐怖」が刷り込まれている日本政府のハンドリングはいかようにもなるが、日本の国内世論の動向は扱いにくく、気がかりなものとして映っているのではないでしょうか。

安倍政権は憲法九条の改正を政治目標のゴールに据えている、と言われています。

私が九条改正は危ういと確信したのは、安保関連法案は違憲の可能性が高い、という声が高まってくると、安倍首相が苦し紛れに「憲法との関係で、今回以上に解釈を拡大することができないのは明確だ」（二〇一五年六月二六日の衆議院平和安全法制特別委員会）と主張し始めたことに由来しています。「現憲法下ではこの法案が限界」という釈明の裏には、憲法が改正されれば、そもそも拡大解釈する必要はなく、より大胆な武力行使を可能にする法案提出も可能だ、という安倍首相の本音がうかがえます。

これを聞いて、憲法九条が改正されていたらどうなるだろうかと考え、私はぞっとしました。正直に明かせば、私はつい最近まで憲法九条を偽善的で非現実的な理想に過ぎない、とどこかで見くびっていました。しかし、逆説的に聞こえてしまうかもしれませんが、現実政治が憲法の平和主義の理念を毀損し、骨抜きにし、踏みにじる状況になればなるほど、実社会での九条の存在価値は増すのだと痛感しました。

安全保障関連法では、集団的自衛権を行使する前提になる存立危機事態について「我が国と密接な関係にある他国に対する武力攻撃が発生し、これにより我が国の存立が脅かされ、国民の生命、自由および幸福追求の権利が根底から覆される明白な危険がある事態」などと定義されています。

表現があいまいで拡大解釈される懸念はぬぐえません。それでも、憲法九条という「歯止め」があったからこそ、こうした制約が付されたとも考えられます。

憲法九条を改正して自衛隊を軍隊と認めて堂々と戦力を保持すればいい。憲法をゆがめて解釈変更する「詭弁」を重ねてきたのが諸悪の根源だという意見をよく耳にします。「憲法九条が諸悪の根源説」です。日本で安全保障を論じる以上、これは避けては通れない議論だと言うのです。

しかし、自衛隊の実態と合わせて、憲法九条の条文をすっきりさせることで、武力行使の歯止めがなくなっては元も子もありません。むしろ、つじつま合わせの詭弁と自覚しつつも、九条を抱えてきたことを肯定評価すべきではないでしょうか。端的に自衛隊は創設以来、他国で殺したり、殺されたりという行為からは免れてきました。これは非常に大きな成果だと思います。

これが解除され、自衛隊の海外での活動にさらに制約要因がなくなれば、日本はどうなるでしょう。憲法で認められているから、とアメリカに求められるままに応じざるを得なくなるでしょう。その結果、海外に派兵された自衛隊の犠牲者が膨らめば、今度は一転して、「アメリカ憎し」に世論が急変するかもしれません。

本当に恐ろしいのは対米従属そのものではなく、無自覚のまま過度な対米従属にはしる政府や国民は、今度はそれに抗おうとして極端で無謀な自主路線に向かうリスクを抱えている、ということだと私は思います。

安全保障関連法の成立によって平和憲法はさらに毀損され、日本は「戦争参加」に近づきます。だからこそ、憲法九条を堅持しなければならないと思います。アメリカからの要求に無為に応じないで済むように、「政治の狡知」として九条のカードを失うべきではないと思うからです。

中国コンプレックス

内閣府が二〇一四年一二月に発表した外交に関する世論調査で、アメリカに対して「親しみを感じる」（「どちらかというと親しみを感じる」四〇・五％を含む）と答えた人が八二・六％に上る一方、中国に対しては「親しみを感じない」（「どちらかというと親しみを感じない」三〇・四％を含む）とする人が八三・一％で、過去最高だった前年をさらに上回りました。

国民の間に、「中国脅威論」が根強いのは否めません。しかし、アメリカが衰退しているから、という理由でより深くアメリカに臣従していく政策はどこか矛盾していませんか。この矛盾を度外視してまで、「中国憎し」になる必要はまったくないのです。国際情勢が流動的だからこそ、「対米基軸」がすべてという外交ではなく、柔軟に対応できる外交力が必要ではないかと思うのです。

そもそも日本はなぜ、海外での自衛隊の活動を拡大させる、今回の安全保障関連法の法制化を急いだのでしょうか。

安倍首相は、中国の軍事的台頭への危機感から、当面はアメリカをアジアに引き留めておきたい、と考えているのかもしれません。日本もいずれは自主路線に切り替え、国際社会で冠たる地位を占めたい、と考えているのでしょうか。しかし、安倍首相が政権の座にいるのは長くてもあと数年です。安保政策の大転換を敢行したことで、「歴史に名を残したい」という思いのほうが強いのではないでしょうか。

安保法制と末永く、密接不可分につきあっていくのは、背後で法案作成の実務を担った外務・防衛官僚です。彼らはどんな意図で、法案化推進を図ったのでしょうか。アメリカに自衛隊の海外派遣を求められたときに、これまでのように慌てて、その都度ごとに「特別措置法案」として時限立法化の作業に忙殺されるのは、もううんざりだ。どうせアメリカから頼まれたらノーとは言えないんだから、そのときに、できるだけ「われわれ」がフリーハンドで対応できるようにしてもらいたい。こうした外務・防衛官僚の思惑が背景にあったのは明らかでしょう。

集団的自衛権が日本で取りざたされるようになったのは、二〇〇〇年の「第一次アーミテージ報告」で行使容認が「日本への期待」として盛り込まれたことが少なからず影響しています。これは、アメリカの対日外交の指針としてアメリカの超党派メンバーによって作成される政策提言です。〇七年の第二次報告、一二年八月の第三次報告を通じ、直接、間接織り交ぜ、日本に集団的自衛権の行使容認や九条改憲を求めています。

日本政府の外務・防衛官僚は元アメリカ国務副長官のアーミテージ氏ら一握りのジャパン・ハンドラー（対日関係の操縦者）の要求に応じることを目的化しています。このため、抽象的な政治目標であろうが、自国民にいかなる犠牲を強いることになろうが、とにかく「要求に応えることに意義がある」という思考停止に陥らざるを得ないのではないでしょうか。

集団的自衛権の行使容認によって「安保の双務性（互いに義務を負う）」を担保するのであれば、巨額の在日米軍駐留経費の支払い停止や日米地位協定の改定、沖縄をはじめとする在日米軍基地の削減、撤退も同時に議論していくのが筋だと思いますが、日本側からはまったくそういう声を聞かれません。日本が集団的自衛権の行使容認に踏み切る動機が、アメリカにより深く臣従することにあるから、そうなるのではないでしょうか。

ラ・ボエシ著『自発的隷従論』(山上浩嗣訳、筑摩書房)にはこう記してあります。

「たしかに、人はまず最初に、力によって強制されたり、うち負かされたりして隷従する。だが、のちに現れる人々は、悔いもなく隷従するし、先人たちが強制されてなしたことを、進んで行うようになる。そういうわけで、軛《くびき》のもとに生まれ、隷従状態のもとで発育し成長する者たちは、もはや前を見ることもなく、生まれたままの状態で満足し、自分が見いだしたもの以外の善や権利を所有しようなどとはまったく考えず、生まれた状態を自分にとって自然なものと考えるのである」

これは、あらゆる地域や時代を超えて共通する人間の普遍的な本性として説かれています。

とはいえ、アメリカに対して「腫れ物」に触れるような、官僚をはじめとする日本政府関係者の体質は、日本固有の「従属」の本質だと思います。やっかいなのは特定の官僚や政治家個人ではなく、官僚機構を核とする日本の支配機構の「変わらなさ」だという気がします。個人の支配は永続しませんが、巨大な権益を抱える組織の意識や価値観は容易には変革できません。むしろ時代を経るとともに自己保存のスキルが磨かれ、より強固に意識や価値観が固定化されてゆくのではないかとも思います。組織内に透徹した能力と信念をもつ官僚や政治家が存在していても、彼らの中に物事を達観する能力が備わっていれば、その水準の高さゆえに、少なくとも現職中は変革を断念し、現状肯定に甘んじるケースが常態化するのではないでしょうか。

一方で、安全保障政策の論議に入ると、日本では、すぐに「従属」か「自主」かの二元論に陥りがちです。在日米軍がいなくなったら自衛隊だけでは国を守れない。アメリカに逆らってアメリカの核の傘がなくなれば、すぐに他国に侵略されてしまう。米軍を追い出したいのであれば核武装するしかないが、その覚悟はあるのか、というわけです。

そういう議論の極端な振れこそが、日米関係をいびつなものにとどめている、と私は思います。

裁判所が「統治行為論」や「第三者行為論」で在日米軍や安全保障政策に関する司法判断を避けるとしても、日米政府の交渉を妨げるものではありません。日本政府は、日米安保条約や日米地位協定などの安保法体系に縛られてはいますが、要はアメリカ政府を説得して互いの国益に見合うと判断させることができれば、いくらでも柔軟に修正変更できるのです。そうした関係を築くことが本来の双務性であり、対等なパートナーシップであり、同盟の深化といえるでしょう。

沖縄の問題も同様です。

対米従属から脱しなければ、沖縄の過重な米軍基地負担は解消しません。しかし、「従属」か「自主」かという二元論では、沖縄を軍事の要諦とする思考に何ら変化は生じないでしょう。むしろ、外交よりも軍事に傾注した「自主」に傾けば、日本政府の判断で沖縄は中国の盾と位置づけられ、軍事的により強化されていくのではないでしょうか。

沖縄の米軍基地負担の核心は、基地面積で七五・七％、兵員数で五七・二％（いずれも一三年三月末現在）を占める海兵隊です。しかも海兵隊は日本の抑止力とは無関係です。これさえ撤退してもらえば、ほぼ済む話なのです。しかも、沖縄の海兵隊の主力部隊はグアムへ移転する方針がすでに決まっています。

元防衛相で軍事専門家の森本敏氏も繰り返し認めているように、アメリカの海兵隊は沖縄でなくとも機能する、というのは軍事的には常識です。

米軍再編で沖縄に駐留する海兵隊一万八〇〇〇人のうち、半数がグアムのほか、ハワイやオーストラリアに分散されます。沖縄に残るのは司令部と、第三一海兵遠征隊（MEU）の二〇〇〇人です。これが日本の抑止力に不可欠だというのであれば笑止です。二二万人を超える自衛隊員はそれほど無力なのでしょうか。

しかも、このMEU部隊は揚陸艦がなければ移動できませんが、その母港は長崎県の佐世保基地です。山口県の岩国基地には、普天間飛行場の空中給油部隊がすでに移転を完了しています。

普天間飛行場に所属する、垂直離着陸機オスプレイを含むヘリ部隊は地上部隊とともに揚陸艦で移動します。訓練も空地一体で運用する必要があるため、訓練場所とヘリ部隊、地上部隊は近接する必要があるというのが米軍側の論理です。

しかし現状は、消防隊は沖縄にいて、消防車は長崎県佐世保に、移動式ガソリンスタンドは山口県の岩国基地に配置されているようなものです。九州には自衛隊の広大な実弾演習の訓練地もあります。どうせなら、消防隊も日本本土に移転したほうが即応能力は増すはずです。

アメリカ側からも沖縄の「地理的優位性」という固定観念を根底から覆す警告

が発せられています。ジョセフ・ナイ元国務次官補は「中国の弾道ミサイルの能力向上に伴い、固定化された基地の脆弱性が出てきた」と述べ、米軍基地が沖縄に集中するリスクを指摘しています。米軍再編にともなう海兵隊の分散移転は、こうしたリスクを回避するねらいもうかがえます。

このように、普天間飛行場の移設先が同じ沖縄の名護市辺野古でなければならない合理的な理由は軍事では説明がつきません。沖縄にとどめておきたい、という政治力学が作用しなければありえない論理であり、重要なのはそのことに沖縄県民の大半は気づいている、ということです。

アメリカ本国からローテーションで配備される沖縄の海兵隊は、アジア、太平洋各地を転々とし、一年の大半は沖縄を留守にしています。いわゆる「ホームベース」はグアムでも、アメリカ本国でも機能するのです。何度も言いますが、沖縄の海兵隊は日本の抑止力に関係ありません。日本の抑止力に直接寄与しているのは米空軍や航空自衛隊の戦闘機であり、アメリカ海軍の第七艦隊です。百歩譲って、海兵隊のプレゼンスがなくなることは避けたい、というのであれば、「常駐なき安保」は拙速だとしても、「常駐なき海兵隊」によるプレゼンス維持は実現可能です。げんに今、海兵隊は実質的にそうした運用にシフトしつつあるように見えます。そうした流れに沿って、沖縄の米軍基地の七割を占める海兵隊を沖縄以外に移駐させる、持続可能な安全保障態勢のプランを冷静かつ論理的に日本側からアメリカに提言すればよい話なのです。

辺野古の新基地建設問題は沖縄の民意に沿うかたちで白紙に戻し、「普天間飛行場の返還」を実現することができれば、日本がアメリカに対して従属する体制にあっても主体性を回復していく、新たな一歩につながるのではないでしょうか。過度な対米従属で思考停止のまま日本がこれ以上、国内の民主主義のシステムを毀損するのを防ぐためにも、沖縄との信頼関係を損なうことによる安保の脆弱性をカバーするうえでも、日本社会全体にとってプラスに働くはずです。

繰り返しになりますが、私は過度な対米追従からは脱すべきではないですか、と言いたいだけなのです。何もアメリカ政府との関係を絶て、とまで言うつもりはありません。イラク戦争のときに、ドイツやフランスがアメリカの開戦ありきの姿勢に堂々と最後まで異を唱えたように、同盟国であっても是々非々の態度をとればいいではないか、と思うのです。普天間問題への新たな提言一つもできないようでは、アメリカの戦争に是々非々で臨むことなど不可能です。

京都精華大学専任講師の白井聡氏（政治学）は著書『永続敗戦論』（太田出版）でこう記しています。

「米国に対しては敗戦によって成立した従属構造を際限なく認めることによりそれを永続化させる一方で、その代償行為として中国をはじめとするアジアに対しては敗北の事実を絶対に認めようとしない。このような『敗北の否認』を持続させるためには、ますます米国に臣従しなければならない。隷従が否認を支え、否認が隷従の代償となる」

白井氏は「敗戦を否認しているがゆえに、際限のない対米従属を続けなければならず、深い対米従属を続けている限り、敗戦を否認し続けることができる」という状況を「永続敗戦」と定義しています。「敗戦」を「終戦」という言葉に置き換えて、「対内的にも対外的にも戦争責任をきわめて不十分にしか問うていない戦後日本の問題」をさまざまな論点から指摘しています。

二〇一五年四月に元内閣官房副長官補の柳澤協二氏に安保法制についてインタビューさせていただきました。このとき印象に残ったのが、「中国コンプレックス」という言葉でした。

「安倍首相には日米安保条約の片務性を解消し、アメリカと対等な国になりたいとの思いがあります。しかし、安倍首相が今やろうとしていることは、アメリカと対等に、と言いながら、アメリカに無自覚に従属していくことです。それを正当化する論理として、日本人の対米コンプレックスがあると思います。戦後七〇年になりますが、日本は敗戦のトラウマから脱却できていません。結局、アメリカというと、政治家も官僚も国民も思考停止になる。敗戦によって日本人は、アメリカに対しては従属でいいんじゃないかと、対米コンプレックスの塊になった。それを克服するためにアメリカにもっと従おうというのはおかしな論理です。なのに、なぜ成り立つのかと言うと、対米コンプレックスよりももっと大きな対中国コンプレックスが、多くの日本人の中にあるからだと私は考えています」

（『DAYS JAPAN』二〇一五年六月号）

中国コンプレックスというのは、中国に負けてもいいのか、それだけはいやだという、現代の日本人に宿る深層心理だと、私は理解しました。

このとき柳澤氏から聴いた、「アメリカにとって、もっと役に立つ国になることで、中国に向かって大きな顔ができればいいという、対中国コンプレックスがある。しかし、そうした姿勢では何らの解決も導かないと思います」という指摘は日本外交の核心を射抜く言葉だと思いました。

アメリカにより従属し、中国に対して卑屈にならないための九条改正というのであれば何の解決にもならないと思います。

アメリカの国益追求の下におこなわれる「アメリカの戦争」に参加して、さらにより深く従うのではなく、日本にしかできない国際貢献を非軍事分野に特化して強化していくほうが、国際社会で名誉ある地位を築く近道だと思うのですが、いかがでしょうか。

他国から見れば自衛隊はすでに立派な軍隊です。もうこれ以上背伸びせず、戦闘にはかかわらない範囲の国際貢献と、専守防衛に徹して現状を維持すればよいと思います。

そう言うと、日本が「立派な大国」であると思いこまないと気が済まない人から叱られそうです。憲法の前文でも、「平和を維持し、専制と隷従、圧迫と偏狭を地上から永遠に除去しようと努めている国際社会において名誉ある地位を占めたい」とうたっています。

それならば、そもそも自分たちの国際社会でのアイデンティティーって何なのか、ということを考えなければなりません。これまで憲法九条と在日米軍というやっかいな「瓶のふた」がある中で、右派からの「再軍備」の誘惑を一定の節度でかわしてきたのが戦後日本のアイデンティティーそのものだったのではないでしょうか。

もし憲法を改正して平和憲法を放棄すれば、このアイデンティティーの崩壊を招くのではないか、と私は今、真剣に危惧するようになりました。

将来的に憲法九条を改正するにしても、アメリカに対する従属の度合いを緩め、ある程度是々非々で物を言う実績を重ねたり、国際社会での立ち位置やアイデンティティーを確立したり、といったリハビリ訓練を経たうえでないと、ペーパードライバーがいきなり高速道路で運転するようなもので、危なっかしくて見ていられません。日本はまだ、そうした実績をほとんど積み上げていません。

それればかりか、自国の侵略の歴史認識すら、折に触れてねじ曲げようとする政治家や研究者やメディアが後を絶たないのが日本の現実です。アメリカ政府から苦言やお叱りを受けなければ、国際社会の常識から逸脱しかねない歴史認識の危うい宰相も、われわれはげんに抱えています。

国際社会において、日本が他国にはない独自の理念や経験として胸を張れるものがあるとすれば何か。それは平和憲法と被爆体験でしょう。福島原発事故の経験を加えてもいいと思います。平和憲法はアメリカに与えられたものですが、日本人は戦後六八年間にわたって、この非現実的で偽善的な取り決めの虜になってきました。平和憲法の表も裏も、酸いも甘いも知り尽くしているのではないでしょうか。平和憲法を知らない日本人はほとんどいないでしょう。もう十分、日本人の中に血肉化されたと言えます。そして平和憲法は間違いなく先進的です。これを、今まで捨てずに抱きしめてきたのは国民の意思と選択のなせる業です。

この被爆(被曝)体験と憲法九条が、戦後日本のアイデンティティーなのだと思います。ですから、この特異性を失えば、たとえ将来米軍が撤退したとしても、日本は国際社会で何を発信していくべきかわからなくなり、方向感覚を見失うのではないかと懸念します。

じつは日本の針路を的確に明示する決議が、つい一〇年前におこなわれています。

二〇〇五年八月二日、衆議院の「国連創設および我が国の終戦・被爆六十周年に当たり、更なる国際平和の構築への貢献を誓約する決議」です。この中で「政府は、日本国憲法の掲げる恒久平和の理念のもと、唯一の被爆国として、世界のすべての人々と手を携え、核兵器等の廃絶、あらゆる戦争の回避、世界連邦実現への道の探求など、持続可能な人類共生の未来を切り開くための最大限の努力をすべきである」とうたっています。憲法の平和主義の理念を尊重し、被爆体験を前向きに捉える意志が明確に打ち出されています。

ちなみに山室信一氏著『憲法9条の思想水脈』(朝日新聞出版)によると、この決議に際して当時自民党の安倍晋三幹事長代理ら自民、民主両党の一〇人近くが採決に先立って本会議を退席し、決議には加わらなかったそうです。

現在の「安倍政治」はこうした水脈に連なっていることがうかがえます。

評論家の加藤周一氏は「軍国化、またはもう少し漠然とした意味で『右寄り』の傾向を進める過程で、権力側の用いてきた際立った手法が二つある」(『言葉と戦車を見すえて』筑摩書房)と指摘しています。

それは「なし崩し」と「言葉のいい代え」で、「いずれも問題の傾向に対する抵抗を弱めるために、役立つ」と分析しています。

安倍政権下で、「言葉のいい代え」は顕著です。

安倍首相の掲げる「積極的平和主義」は、「海外での軍事行動も辞さない」という軍事面での「積極的貢献」を意味するものです。しかし、「積極的平和」のもともとの提唱者である平和学者のヨハン・ガルトゥング氏は、貧困や差別といった構造的暴力のない状態を「積極的平和主義」と定義しました。日本政府は、真逆の意味で使っているように私には映ります。

安倍政権は「積極的平和主義」の下、武器や関連技術の輸出を制限してきた武器輸出三原則を全面的に見直し、二〇一四年四月に「防衛装備移転三原則」を閣議決定しました。これは、「原則禁止」から、一定の要件を満たせば武器関連製品の輸出を認める方向へ一八〇度の転換を図るものです。第三国への武器移転はチェックが効かず、紛争当事国で日本製部品を組み込んだミサイルなどが使用される可能性も出ています。新三原則は、日本と安全保障面で関係のある国との「防衛装備品」の共同研究や開発も条件付きで認めています。兵器の国際展示会には、政府主導で日本企業が続々出展するようになりました。

武器や兵器を「防衛装備品」といい代える新三原則の下、政府にはテロや災害対策に活用できる「防衛装備品」の輸出先開拓によって成長戦略につなげるとともに、安全保障分野で各国と連携を強め、中国に対抗するねらいがあります。「経済戦略」と「対中国戦略」の名目の下、「平和国家」の理念を後退させているのが実情です。

安倍政権下での「言葉のいい代え」の最たるものは、集団的自衛権の行使容認などを含む「平和安全法制」です。実態との乖離があまりにひどいので、ほとんどのマスコミはさすがに「安全保障関連法制」と「いい代え」て表記しています。野党や一部メディアの間では実態にそぐう名称として「戦争法案（法制）」というよび名が浸透しました。

名護市辺野古での新基地建設が進む沖縄では、政府関係者が繰り返す「県民の理解を得ながら進める」という言葉は、「県民が何と言おうと強権的に進める」という意味で捉えられています。

安倍政権下の政府の態度や手法を見ていると、表層的なイメージ戦略を駆使して世論の誘導を図ろうとする段階から、さらに踏み込んで（開き直って）世論が何と言おうと自分たちの考えを「押しつける」ために、「言葉のいい代え」を強引に突きつける横暴的な色彩を帯びる次元に達しているようにも感じられます。

「言葉の死」は政治の死を意味し、政治に対する信頼を貶めるばかりであることにそろそろ気づいてもらいたいと思います。もっとも為政者にとっては、世論が政治に絶望し、無関心でいてくれたほうが都合はいいのかもしれません。しかしそれでは、民主主義が死んでしまいます。

「なし崩し」について加藤氏は太平洋戦争開戦に至る経緯を振り返り、「政府は、右の『テロリズム』に寛大で、左からの批判に厳しかった。周知のように、陸軍はそれを利用し、権力機構内部での影響力を次第に強めていたにちがいない。既成事実の積み重ね、政策の選択の幅の縮小、各段階での妥協の連続、ますます狂信的になってゆく軍国主義……しかしそれもまた『なしくずし』の過程であり、その過程のどこに、決定的な段階、すなわち方向転換のための最後の機会があったかを、見きわめることは、誰にとっても困難であった。一社会が『なしくずし』に破局に近づいてゆくとき、破局はいつでも遠くみえる」（同前書）と本質を説きつつ、「現在」に警鐘を鳴らしています。

足もとを冷静に見れば、原発の再稼働も、防衛予算の増大も、自衛隊の専守防衛の逸脱もなし崩し的に進んでいます。一部のマスメディアが権力に迎合する中、同調圧力が増し、自由にものが言いにくい、重苦しい空気が社会を包んでいます。匿名の罵詈雑言のような暴力的言質が飛び交う中、自治体や市民社会でも「政治的」なものは避け、言論や表現の自由を自主的に制限したり、放棄したりする風潮は増すばかりのように映ります。

優先すべき価値や守られるべき矜持は何か、社会をつくる一人ひとりが立ち止まって考えるときが来ていると思います。

先の戦争にはしった日本人の精神性について加藤氏はこう言及しています。

「思想上の戦争反対が貫かれなかったのは、単に弾圧・強制・『だまされていた』事情などによるものではなく、天皇・民族・国家をひとまとめにした『日本』を超えるどんな価値概念も真理概念もなかったからだ」(同前書)

憲法の平和主義の普遍的価値は、それが一国の統治の源となる憲法でありながら、「国家」や「国益」を超える概念に支えられていることにあると確信します。

憲法の平和主義を投げ出し、「戦前」のとば口に立つのかどうか、私たちはその瀬戸際に否応なく追い込まれているように思います。

安倍政権は二〇一五年九月一九日、安全保障関連法案を可決、成立させ、集団的自衛権の行使容認の法制化に踏み切りました。これにより、近い将来、日本から「戦死者」が出る蓋然性は着実に高まったと言えます。

集団的自衛権の行使容認は、ひたすら対米従属に突き進んだ結果として行き着いた政策であるという側面を、日本社会の多数の成員が、ここで深く認識しておく必要があると思います。海外の戦闘で自衛隊員が殺し、殺される事態が日常化するようになってから、なぜこんなことになったのか、と政府やアメリカを恨んでも遅いのです。非戦闘分野で真の国際貢献を果たしていくという、日本がこれまで国際社会で築いてきた信頼も完全に瓦解します。本当にそれでいいのか、と日本社会の一人ひとりが問う必要があります。

本書で取り上げた対米従属への批判的論考は「今さら」の感を否めません。本書で紹介させていただいた論者以外にも多くの先達が、さまざまな言葉で論じ、警句を発してきました。

しかし、安保法制が成立した今、いよいよ差し迫った段階にきていると言わざるを得ません。

沖縄をはじめとする国内で米軍をもてなす対米従属は、日本が「戦争に巻き込まれない」ための有為な政治戦略と認識されたがゆえに、国内世論の理解と賛同を得るようになりました。ところが現在、私たちの眼前で起きているのは、過度な対米従属から脱却できないがゆえに、日本が自発的に「戦争に巻き込まれていく」かたちを整えようとしている、という皮肉でシビアな現実です。

対米従属がもたらす効能は安保法制の成立によって、これまでと反転している事実をしっかり捉えておく必要があります。

アメリカと日本は、政府レベルでは明らかに主と従の関係にあります。その事実をあらためて直視しなければなりません。そのうえで、「最後の砦」としてますます価値を増してくるのが、憲法九条であることを最後まで強調しておきたいと思います。

政治は世論の争奪戦です。国会前のデモも大切ですが、選挙での有権者の投票行動の帰趨が代議制民主主義の下では最重要であることは論をまたないと思います。

一方、沖縄の基地負担軽減は、過度な対米従属からの脱却を図るだけでは果たせません。米軍基地がなくなっても自衛隊が代わって駐留すれば、「基地の島」が紛争に巻き込まれるリスクは相変わらず、であるどころか不安定さを増すと考えられるからです。

「富と力の論理」で押し通す「正義」は本物の正義ではありません。中国とアメリカを敵と味方にわけて、「どちら側につくか」という時代でもありません。

中国脅威論あるいは中国コンプレックスの克服、「抑止力」政策への偏った信仰を捨てること、さらには、尖閣問題で顕著に見られた排他的なナショナリズムの克服。こうした内面の課題を一つひとつ消化し、乗り越えていくことが、沖縄あるいは日本にとどまらず、国際社会の利益につながるという共通認識が広がるよう願ってやみません。

おわりに

日米安保体制のゆがみが最も顕著に現れているのは沖縄です。戦後七〇年のいまなお、米軍基地のフェンスという「占領」の象徴が日常の風景に連なる沖縄では、対米従属の現実から目を背けることはできません。

しかし、アメリカに従属しているのは日本だけではありません。大なり小なり、ほとんどの国が超大国アメリカに翻弄されています。しかし日本の場合、従属の度合いが深すぎる「属国」とも言える状況です。

第二次世界大戦で日本同様、連合国に敗戦したイタリアの場合、同じ在外米軍基地の運用でも、米軍航空基地はイタリア軍司令官の管轄下に置かれ、住民生活に悪影響を及ぼす飛行訓練はできません。一日の飛行回数を制限したり、夏場の昼寝の時間には訓練飛行を全面的に止めたりする運用がなされています。

韓国もアメリカの核の傘の下にあり、北朝鮮との間で戦争になれば米軍の支援が不可欠ですから、日本よりも切実に米軍の「抑止力」を求める立場にあるはずです。しかし韓国は近年、在韓米軍の大幅削減を正面から求め、中国と経済だけでなく、政治や安全保障面でも関係強化を図りつつあります。

フィリピンは米軍基地を一九九二年に撤退させ、二〇一四年に再びよび戻すという、アメリカ相手に高度な交渉術を展開しました。以前のような駐留米軍にフリーハンドを与える従属的なかたちではなく、限定、抑制の利いた駐留に切り替えています。米軍との軍事協定の有効期間は一〇年で、形式的ですが「常駐」ではないことが明記されています。

海外諸国の政策の是非はどうあれ、米軍の配置や運用をめぐって交渉する、という発想や選択そのものが日本政府内に「存在しない」というのは、やはりいびつではないでしょうか。

なぜそれができないのか。米軍基地の運用に関することは「(日本側が)どうしろ、こうしろという話ではない」と、野田佳彦首相がオスプレイの普天間飛行場への配備に際してこぼした本音がすべてを表しています。

普天間問題でも、日本側から米軍、あるいは海兵隊に「出て行ってくれ」なんて言えない、想像もできないというのが政府・官僚の本音でしょう。そんなことを言って、アメリカとの関係がぎくしゃくして日米安保条約が機能しなくなれば日本は国として成り立たなくなる、といったアメリカを過度に畏怖する感覚が、まともな外交・安全保障交渉の妨げになっています。そうしたことが、沖縄に押し込めるかたちの「米軍依存」で思考停止したままの安全保障政策の背景にはあると思います。

アメリカとの関係については、平均的な日本人の感覚としては、何だかんだいっても他の国と比べて日本は戦後うまくやってきた。経済発展し、豊かさを享受してきたのも、アメリカの後ろについていく路線が正しく、アメリカに導いてもらう政策判断が誤りではなかった証拠だ。むしろ、どれだけ従属的であってもアメリカに見放されるよりはましだ、という潜在意識が国民多数にあるのではないでしょうか。今さらこの路線を変えるのは怖いという感覚もあるでしょう。

一方、沖縄に対しては、「沖縄は気の毒だが、自分の住む所に米軍基地は来てほしくない。しかし日米同盟は重要だ」という、沖縄から見れば「身勝手」と受け取られる感覚が日本人の主流ではないでしょうか。

「お任せ」意識がうかがえる、こうした日本人の「アメリカ観」と「沖縄の米軍」に対する感覚は表裏一体をなすものだと思います。

「社会にとって必要なのは認めるが、自分の裏庭には来てほしくない」（Not In My Back Yard）というＮＩＭＢＹの意識はそのまま、「米軍の駐留は日本の安全保障に必要と思うが、自分の住む地域に駐留されるのは困る」という、日本人の安全保障感覚にあてはまります。しかしこうした大半の国民の「利己主義」と、基地を請け負う特定地域でアメとムチを駆使する政府の「利益誘導」に支えられた日本の安全保障政策はもろいと言わざるをえません。

国の安全の根幹にかかわる政策については本来、「懐柔」や「強権」で押し付けるのではなく、政府が正面から住民と向き合い、ねばり強く合意形成を図ることで、地域の主体的な協力と理解の浸透を深めていくのが筋です。

「米軍は（住民に）望まれないところには駐留しない」というのが米政府の建て前の意向です。地域住民の敵意に包囲された基地の脆弱性は、中東などの例を挙げるまでもありません。

こうした現実も踏まえ、特に沖縄における「基地政策」の進め方について日本政府はもう一度、根本から見直しを図り、成熟した民主主義国にふさわしいシステムを構築する必要があります。沖縄が安全保障政策上、重要だと考えているのであればなおさらです。米国の要望に応えることをすべてと捉え、旧態依然の「地元対策」に奔走する安全保障政策の現場の内実からは、もうそろそろ脱却を図るべきです。

沖縄は平和憲法の下、自衛隊の活動に制約を課す一方、在日米軍の駐留によって平和と安全を担保する、という日本の「独立」後の日米安保体制に二〇年遅れで加わりました。

米軍の圧政に苦しんできた沖縄では、基本的人権や平和主義を掲げる「日本国憲法の下への復帰」が悲願となり、復帰運動のスローガンとして定着しました。

しかし今、沖縄では復帰運動に加わった人たちの間で、期待を裏切られたという失望と、日本への「復帰」は正しかったのか、という疑いが深まっています。

理由の一つは、辺野古への新基地建設を沖縄の民意を切り捨てて強行する政府の姿勢への反発です。もう一つは、日本が憲法の平和主義を捨て去ろうとしていることへの落胆です。

沖縄が在日米軍専用施設の七四％を背負うことで、ほとんどの国民が米軍基地の負担を感じることなく暮らしてきました。憲法九条のおかげで日本の平和は保たれた、という本土側の主張は、沖縄で聞くと違和感が募ります。「憲法九条と沖縄の米軍基地負担のおかげ」ではないのか、と言いたくなるのです。

日米安保のかなめとしての役割を担わされてきた沖縄は、憲法九条の影の部分を背負わされてきた、とも言えます。それでも、沖縄の民意は憲法九条の改正には懐疑的です。最近の例を挙げると、二〇一五年四月に『沖縄タイムス』などがおこなった県民世論調査で、「憲法九条の改正についてどう思うか」との質問に、「改正すべきではない」と答えた人が六六・〇％、「改正すべきだ」は二二・七％でした。調査の時期や質問内容によって多少のばらつきはありますが、全国世論よりも沖縄で、九条改定に反対する意識が根強い傾向にあるのは確かでしょう。

沖縄に住んでいると気づくのですが、沖縄には「九条の碑」があちこちにあります。『沖縄タイムス』（二〇一五年五月一日付）の記事によると、恒久平和を希求する「九条の碑」は沖縄県内六カ所に設置されています。沖縄県外では、寺の住職や市民の手で四県五カ所に建てられ、さらに一県で一五年八月に完成予定とのことです。建立されている場所は、日本本土では境内や私有地が主ですが、沖縄では自治体が碑の建設にかかわったり、建設後に碑を管理したりする事例が多いようです。だから、多くの人の目につきやすい公共の場に建っているのですね。地域のコンセンサスが得られなければできないことだと思います。

沖縄で憲法九条を守ろうとする意識が高いのはなぜでしょうか。

私なりに導いた結論は、「戦争への危機感」が日本本土よりも強い、ということです。

ベトナム戦争には沖縄の米軍基地から直接、爆撃機が飛び立ちました。二〇〇一年九月の米中枢同時テロの直後、沖縄の米軍基地は警戒レベルを最大級に引き上げ、沖縄じゅうが厳戒ムードに包まれました。〇四年八月に沖縄国際大学に墜落した普天間飛行場所属の海兵隊ヘリは、イラク派遣に向けて訓練中でした。

沖縄では日常的に「有事」を想定した軍事訓練がおこなわれています。米軍機や自衛隊の軍用機が飛び交い、軍用車両が市街地を走行します。まちなかで迷彩服姿の自衛官や米軍人をみかけることも珍しくありません。国防の最前線で、「戦争のきな臭さ」を否応なく実感させられます。

『沖縄タイムス』が一九五〇年に初版発行した沖縄戦記『鉄の暴風』の「五十年後のあとがき」で牧港篤三氏は「沖縄は、沖縄人は片時も戦争の恐怖から解放されてはいないのである」と記しています。

沖縄戦で得た教訓から平和を尊ぶ意識が高いのに加え、日常生活が「軍事」に脅かされる環境に置かれているがゆえに、沖縄県民には、憲法九条を守ったほうがより安全だ、という防衛本能が強く働いているのだと思います。

憲法九条を守る意識と、沖縄で歴史的に繰り広げられてきた非暴力に徹した反基地闘争のエネルギーは連動しているように思います。

沖縄の「安全保障観」に目を向けることで見えてくるものは何でしょうか。

平和な日常は、自分たちの手で主体的にもぎとっていくという気概だと思います。

戦争への危機感や切迫感は沖縄だけでなく、日本全体で感じられるようになりました。政治の「プロ」や「専門家」でなくとも、国民一人ひとりが、なぜ、と本質を問うてみることが大切なのだと思います。野党も国会も司法も十分機能しない中、政府の暴走を止めるには世論のバランス感覚が不可欠だと思うからです。政治や軍事の専門家ではない生活者の「防衛本能」のセンサーは、いざというときに力を発揮すると私は信じています。

その際、過度な対米従属からの脱皮と、平和憲法の価値の再認識をセットで図ることが、国の針路を誤らせない手だてとして有効に機能するのではないか、と拙い筆で生意気ながら提言させていただいたつもりです。

本書の執筆は、普天間問題が「正念場」を迎える時期と重なりました。普天間問題はこの二〇年来、幾度も正念場を迎えてきましたが、今回は最後になるかもしれない、という予感があります。

沖縄世論が紆余曲折を経て、「辺野古への新基地建設反対」で結集するのを現認して、私は沖縄を離れました。あとは、全国世論と沖縄世論の溝を埋めることが普天間問題解決の鍵を握るとの思いから、「沖縄から見えた日本」の姿を東京で発信する役割を模索したいと考えました。この機会を逃せば、日本（本土）と沖縄の距離は取り戻すことができないほど拡がっていく、それは何とか避けたいという危機意識が私にはあります。

沖縄の反基地闘争は、突き詰めれば日本のエスタブリッシュメント（支配機構）との闘いですから、沖縄が日本にとどまる限り、日本の統治機構が崩壊しない限りは、全面的な勝利（全基地撤去）はあり得ません。そのことを承知している沖縄県の翁長雄志知事は、日米同盟の意義や自衛隊の役割を肯定評価したうえで、辺野古での新基地建設の中止を求める、というスタンスを意識的に選択しました。

翁長知事のスタンスが功を奏するか否かは、日本のエスタブリッシュメントの枠外に置かれた沖縄が今後、いかにして日本の中で政治的な立ち位置を確立していくかを推し量る重要な目安になります。はなから勝負を避けて政府に屈服した仲井真弘多前知事とは異なり、その仲井真氏の態度を「屈辱」と受け止める沖縄の民意を結集して誕生した翁長県政は後に引くにも引けません。翁長知事は司法にも野党にも頼れない現実を百も承知で、この国の良識だけを頼りに政府と対話し、沖縄県民の納得のいくかたちで何とか軟着陸させたい、と考えているはずです。

翁長知事の交渉がまったく通用しないと認識せざるを得なくなったとき、沖縄は日本に半永久的に全面従属（同一化）するか、日本から離れることを模索せざるを得ないでしょう。

全面従属すれば、今の日本の情況を見る限り沖縄は「軍事の砦」として中国との最前線に置かれます。独立はかなりのリスクをともないますが、長期的にはこの方向に進まざるを得なくなるでしょう。もちろんいきなりではなく、長期にわたる政治的、経済的、文化的な模索や軋轢を経ることになりますから、沖縄社会は一層混沌とした局面に入るのではないでしょうか。そこに、「米軍の事件事故」という、いつ起動してもおかしくない「地雷」を抱えているわけですから、日本は沖縄に相当な政治的エネルギーを注ぎ続けなければ、「安保のかなめ」としての統治を維持できなくなります。しかし、そのために必要な胆力が今の中央政界に備わっているようには見えません。

戦後二七年間、米軍統治下に置かれた沖縄の日本返還を果たした佐藤栄作政権で総理秘書官を務めた楠田實氏が残した資料を基に構成した、二〇一五年五月九日放送のNHKスペシャル「総理秘書官が見た沖縄返還――発掘資料が語る内幕」は、日本の有識者や政府中枢の沖縄に対する本音を見事に切り取っていました。

番組は終盤で、過重な米軍基地を維持したままの沖縄の本土復帰に忸怩たる思いを抱える楠田氏が、一九九六年に日米が普天間飛行場の返還で合意したことを受け、佐藤政権以来となる活動を始めたことを明かします。楠田氏はこのとき、沖縄の基地問題に関する提言をしようと、有識者を集めて意見を聴いていました。番組はこの事実を紹介し、当時の録音テープを流しながら、出席者の誰がどういう発言をしたのかがわかるように場面の再現を図っていました。

メンバーは、当時の橋本内閣のブレーンだった下河辺淳元国土事務次官のほか、京極純一氏(政治学者)、田中明彦氏(国際政治学者)ら一流の学者がそろいました。

それぞれの発言は以下です。

田中氏「本当に嘉手納基地というのは立派な基地ですね。あれほどの立派な基地はなかなかないんじゃないかという感じがしました。沖縄の米軍基地が有効に機能し続けることを確保するのは日本にとっての通常の意味での国益であろうと思います」

下河辺氏「米軍も沖縄にとってはプラス要因なんですね。経済的に言えば。ただ気持ちはあんまりいいはずはないですね。占領されたような気分ですから。知事は深刻そうに、『ひとつ沖縄に来て住んでくれませんか』と言ってましたよ。なんかこう同情的な話とか平和がいいねとかっていう話から始まるもんですから。

著者紹介

渡辺 豪（わたなべ・つよし）

一九六八年兵庫県生まれ。関西大学工学部卒業後、毎日新聞記者、沖縄タイムス記者を経てフリージャーナリストとなる。主な著書に『「アメとムチ」の構図』（沖縄タイムス社）、『国策のまちおこし』（凱風社）、『私たちの教室からは米軍基地が見えます』（ボーダーインク）、共著に『この国はどこで間違えたのか』（徳間書店）、『波よ鎮まれ――尖閣への視座』（旬報社）。

日本はなぜ米軍をもてなすのか

二〇一五年一〇月二五日　初版第一刷発行

著　者――渡辺 豪
装　丁――Boogie Design
発行者――木内洋育
編集担当――田辺直正
発行所――株式会社旬報社
〒一一二-〇〇一五　東京都文京区目白台二-一四-一三
電話（営業）〇三-三九四三-九九一一
http://www.junposha.com
印刷・製本――中央精版印刷株式会社

ISBN978-4-8451-1426-9